聖母文庫

母であるわたしが ここに居るではありませんか

田端美恵子

聖母の騎士社

表紙写真撮影：松村 康

まえがき

　この書のタイトルである『母であるわたしがここに居るではありませんか』という聖母マリアのお言葉は、一五三一年十二月九日から十二日にかけて、メキシコ市郊外にあるテペヤックの丘を通りかかった五十七歳のメキシコ先住民、ホアン・ディエゴに四日間連続で出現された聖母マリアの四回目の御出現で語られたお言葉を本書の題名と致しました。聖母が初めてテペヤックの丘に御出現されたときの美しい光景は第二章の『グァダルペの聖母』に書いてありますので重複を避けてこのまえがきでは触れません。けれども聖母が最初の御出現でおっしゃられた『すべての人を愛する慈しみの母』のメッセージは聖母の深い御心が滲む貴重なお言葉ですのでその全容をまえがきの中で伝えさせていただきます。尚この著はわたしの人生最後の記述となるかもしれない思いのもとに、聖母マリアに助けられながら神を仰ぎ、未来への道のりを感謝の心で歩む老いの心情を綴らせていただきました。この著をご覧いただくにあたり、最初にお願いしたい事は、日本の長い歴史を顧みると他者を排するような紆余曲折があまりにも多く見られ、キリストに関する史実は抹殺されてきました。けれども信仰に関する事実はあくまでも事実として謙虚な心でお読みいただけることをお願いした上で、聖母のお言葉を皆様にお伝え致したく存じます。

聖母御出現以前の首都ティノチティトラン（現在のメキシコ市）はアステカ王朝の統治下にありましたが、一五一九年にスペインの侵略に遭って先住民たちは必死に抵抗して戦うという大変な苦しみに遭いました。そのアメリカ先住民たちを踏みにじる横暴な戦いも一五二一年にヘルナン・コルテスによってスペインは力でメキシコを征服したのであり、その戦いから十年経った一五三一年十二月九日、多くの人びとをいたわるメッセージを携えて聖母マリアはテペヤックの丘を通りかかったアメリカ先住民のホアン・ディエゴに現れたのです。聖母はそのとき、「わたしを求めるすべての人びとを母として愛し、慈しみ、保護したいのです……」と、すべての人の母であることを強調していらっしゃいます。聖母は最初の御出現で、スペインからメキシコに派遣されたフランシスコ会のフライ・ホアン・スマラガ司教への重要な伝言をホアン・ディエゴに頼んでいます。そのお言葉は母の愛がこもる正真正銘のメッセージなので全文をご紹介します。

『わたしの愛する子よ、お聞きなさい。いいですか。わたしは終生処女マリアです。あらゆるものを生かし、すべてのものの主、天地を治められる真の神の母なのです。わたしは、ここにわたしのための聖堂が建つことを心から望んでいます。その聖堂で、わたしは、あなたやわたしを愛し、わたしを求めるすべての人びとを、母として愛し慈しみ、たすけ、保護したいのです。わたしはあなた方を愛している真の母だからです。その聖堂でわたしは、あなたとこの土地の人びと、そしてわたしを愛するすべての人、わたしに呼びかけ、わたしを信頼するすべての人の嘆きを聞き、あらゆる痛み、悲しみ、苦しみを癒し和らげてあげたいのです。

わたしの願いが叶えられますように、あなたはメキシコ司教館に行って、あなたを遣わしたのはわたしであること、この場所にわたしの聖堂を建てていただきたいのは、わたしの望みであることを伝えてください。あなたが実際に見たり、聞いたりしたことを詳しく説明してください。わたしはあなたに必ず報います。わたしの望みを果たすために払う労苦と疲れに報い、必ずあなたを幸せにします。わたしの願いを果たしてくれるわたしのいとし子よ、さあ行きなさい！　あなたの力の限りやってみてください』とおっしゃったのです。（グァダルペの聖母・教会認可ＮＯ７２／８１）

わたしが始めてメキシコに御出現された聖母マリアの存在を知ったのは昭和三十年のことでした。この昭和という年代がまだ新しい頃の日本は諸外国との交流やその文化を受け入れる事もシャットアウトした軍国主義の時代であったため、当時小学生だったわたしたち子供も国粋主義の教育を受けて外国のことは何一つ知る事ができませんでした。特にキリスト教は数百年にわたる鎖国時代の禁教令によるあおりを受けて邪教として排斥され、神社や天皇をあら人神として崇める事のみ強要されていたため、国民の大多数がキリスト教には全く無知で、外国の文化や伝統はキリスト教が礎になっている事すら知らなかったのです。

ですから仏教と神道の混合した宗教観が国民の間に根強く浸透していたのでそのような時代に育ったわたしもキリスト教に関する知識や世界各国の歴史上の出来事など全く知りませんでした。日本陸軍の自意識過剰から引き起こした支那事変、満州事変、大東亜戦争から太平洋戦争へと拡大した世界大戦も、アメリカの広島、長崎への原爆投下を受けて第二次世界大戦も敗戦を迎えた昭和二十年八月十五日を境に、アメリカの支配下に置かれた日本の新しい時代が始まりました。わたしは終戦を境にして日本に曙が差し始めた昭和二十四年の春、カトリックの教育修道会が戦中の迫害を避けて移住していた山間地方から戻って再開した女子教育のミッションスクールで始めてキリスト教を学び、信仰に目覚めて人生最大の恵みであるキリスト教の洗礼を受けました。

丁度その頃、アメリカの聖クララ観想修道会で祈りの生活をしていたメキシコ人のマリア・イネス・テレサ修道女が日本の原爆投下後の悲惨な状況を聞いて日本の貧しい人びとを救い、キリスト教を知らない人びとに神の愛を知らせるために日本の宣教を志してローマ教皇認可の下に「御聖体の宣教クララ修道会」という新修道会を創立し、まだ戦後の傷跡が残る昭和二十六年に四人の同会修道女を日本へ派遣されました。わたしは洗礼を受けたばかりのそのとき、遥々日本に来られた四名の修道女方と長野教会で初めて出会いました。後日そのメキシコの修道女方から始めて「グァダルペの聖母」の話を伺い、メキシコの聖母御出現が事実である事を知ったのでした。

それから長い年月を経て、わたしたち夫婦は敗戦後の一九七十年から一九八一年にかけて、秋田の貧しい修道院の聖堂に安置された木彫りの聖母像から三回語られた意味深いメッセージと、聖母像の御目から百一回悲しみの涙が流れた事を知ったのです。わたしの家族はまだ涙を流されておられる一九七九年六月十二日と、同年七月二十五日に秋田を訪ねておびただしい涙を流される聖母像と出会い、込み上げる痛悔の思いに体を震わせて泣き伏したのです。御出現当時は真実を歪める風評に流されて事実はなかなか理解されませんでしたが、数十年経った現今、ようやくその事実は認められたのです。悲しみを背負われた聖母像を訪ねてわたしたち夫婦は度々秋田へ参りました。そのことは本文第六章に載せてありますのでご覧くださいますように。

わたしはますます複雑化してゆく現代の世界情勢に、近年聖母が御出現されたフランスのルルドやポルトガルのファチマ、日本の秋田で語られた聖母のメッセージが憂いを帯びていることに心が痛み、老いの身ながら精一杯の思いを込めて多くの人びとに聖母の御心を伝えたいと願い、拙い文を冒頭に述べさせていただきました。

二〇一九年十月七日　聖マリアのロザリオの記念日に

田端美恵子

母であるわたしがここに居るではありませんか　目次

第一章　神の慈しみのうちに

―神父様お元気ですか―

Y神父様、ご無沙汰しておりましたが、お変わりございませんでしょうか。寒冷地での高齢のご聖務、どうぞご自愛をとお祈りいたしておりました。

この度、わたしどもの住いが変わりましたので、近況を兼ねてお知らせ申し上げます。前にもお話したと思いますが、しばらく前よりアルツハイマー認知症を発症していた夫の介護入所に迫られたわたしは、病人の幸せを願い、共に入居できる特別養護老人ホームを捜しておりました。幸いご親切な方と知り合い、その方のご尽力で榛名山麓の「新生会・有料老人ホーム・マチュアホーム穏和の園」への入居が決まり、今年三月一日にわたしが先に入居し、一時日高短期入所ショートステイで介護を受けていた夫も、三月十二日にこちらへ移りました。特養ホームには空室がなかったため、新生会のご配慮により、わたしと同じ穏和の園の三階に落ち着き、一ヶ月を過ごした夫は環境にもだいぶ慣れて、穏やかな日々を過ごしております。夫は皆様が利用する広いデイルームの隣室（スタッフ方が交代で昼夜常勤されるステーション前の３０６号室）へ。わたしも同じ廊下続きの夫より四室先の３１０号室に落ち着きました。

夫の部屋からは広いベランダ越しに、自然美あふれる豊かな樹木と花々の景観が眺められます。わたしの部屋の前庭には今、満開の桜が枝を伸ばしています。

誠の園、穏和の園、桜の園が立ち並ぶこの桜ヶ丘一帯は桜の名所であり、その眺めは見事だそうです。そして更に嬉しいことは、わたしの部屋から廊下伝いに行かれる場所に聖公会の小聖堂があり、いつも開かれている正面扉の前には、祭壇と向きあって大理石の聖母子像が安置されています。その小聖堂に映えるステンドグラスのなんと美しい事でしょう！ さらに堂内の壁にぐるりと並ぶ十五留の十字架の道行き！　わたしは祭壇に跪いたとき、赤く燈る聖体ランプと御聖櫃を見受けませんでしたが、其処に十字架上のイエス様がわたしたちを見守っていらっしゃることを確信いたしました。

榛名山中のこのホームへお出でになったことのある神父様は、三年前に亡くなられた藤島はる様を覚えていらっしゃると思いますが、新生会のマリア館に長年住まわれた藤島様は、天に召される九十七歳まで老いの身を押してこの小聖堂へ通って大理石の聖母子像を毎日白布で拭き清め、終日礼拝堂で祈っておられた、と多くの方からうかがいました。その後、わたしは高崎教会から神父様がいらっしゃってミサがあることを知って参加したその帰り際、榛名町室田にお住まいという新井信子さんがわたしを追いかけてこられ、「田端さん、あなたがこの穏和の園に移られる事を聞いてとても嬉しいです。わたしは今晩家で祈るとき、さっそく藤島さんに報告します。藤島さんはどんなに喜ぶでしょう。神様のみ摂理だと思います。わたしは近くに住みながらマリア様の御像を拭いてあげられず、いつも心を痛めていました。これからは藤島さんの志をついで御像を毎日拭いてあげてくださいね」と目を潤ませながら語りかけられました。そのお姿に、ああここにもマリア様を愛する友が居る！と喜んだのでした。

彼女の嬉しそうな姿を見て、わたしは藤島様の人望がどれほど厚かったかを知りました。その後、わたしは時間の合間をみては聖母子像のもとへ急ぎ、白いハンカチで御像をぬぐい、藤島様の遺されたろうそくに明かりを燈してロザリオ一環唱えて後、聖堂祭壇の十字架像に跪いて祈りを捧げ、十字架の道行きを一周して自室に戻って来ます。ご高齢の藤島はる様が心を込めて祈られたこの聖なる祈りの場に臨んで、わたしは勝手ながら自称「祈りの巡礼コース」と呼び、祈れる時間のあるときはロザリオを携えてその場に臨み、時間のないときは廊下の窓越しに祈ってイエス様・マリア様の御保護を願っています。こうして幾度か足を運んでいるうちに、はっと気付いたのですが、大理石の聖母子像のお姿はほんのり柔らかな黄色みを帯びていて、穏やかな母マリア様の慈愛と幼子イエス様のなんともいえない愛らしさと慈悲のまなざしがその色合いに反映しているように感じ、そのときから幼子イエス様に願う祈りも合わせてするようになりました。その聖母子像の傍には、今もなお藤島様が生前使っておられたマッチ箱数個と、ハンカチ数枚、それを入れていた綺麗な小袋、枯れてドライフラワーとなった赤いバラの花束が透明なセロハンに包まれてリボンで結ばれ、台座の足元に置かれています。

ステンドグラスに彩られた美しい十字型の礼拝堂は園の廊下のどこから

でも眺められ、安置された聖堂入り口の聖母子像も三階西廊下窓ガラス越しに拝することができます。わたしはいつも自室前から窓越しに映るお姿へ手を合わせてご挨拶を送ります。発見した自室廊下越しに祈れるという喜びに加えて、自室が聖堂の隣であることの大きなお恵みを感じます。

　こちらは聖公会の施設なので当然の事ですが、礼拝堂ばかりでなくその他至るところにキリスト教を象徴する十字架の文様や聖句などが展示されています。ここでは周囲に気を遣わず祈れると気付いてから、わたしは誰にもはばかることなく公然と食事前後の祈りをするようになりました。先日、嬉しいことがありました。昼食後ふと隣を見ると、認知症が進んでいる夫が手を合わせて目を瞑り、胸に十字を切ってモゴモゴとよく聞き取れない祈りをしていたのです。アッ！ 感謝の祈り？ と目を見張りました。それは一瞬でしたがわたしの仕草に思わず引き込まれての仕草だったのかも知れません。それだけではありません。昨晩のことですが、夕食後なかなか寝ようとしない夫を何とかベッドに入れてからその脇へ腰掛け、「今日はマリア様のところへ行ってロザリオを祈れなかったからあなたの横で祈るからね」と言ってロザリオを手にし、様子をチラチラ見ながら小声で祈り出しました。そのうち目を閉じて眠り始めた様子なのでほっとし、そのまま一環終わってから自室へ戻るつもりでしたが途中で気が変わり、そのロザリオを夫の手にも絡め握らせたまま一人小声で祈り続けました。ふと気付くと、眠っている夫の指が無意識の中でロザリオの珠をまさぐっているのです。祈ることを思い出せないはずの病人にちょっとした異変を感じたひとときでした。そして今夜もまた夫の仕草に異常が見られました。

夕食後なかなか席を立とうとせず、スタッフやわたしに楯突いて困らせ、ようやく何とか落ち着かせて部屋へ連れ戻ったものの、どう説得してもパジャマに着替えようとしないのでわたしも手を焼き、「もう好きなようにしてね！」と突き放す振りをして外に出、ドアの陰からそっと様子を見ていると、訳が分からなくなっているはずの夫は布団の上に座って両手を組み、頭を下げて祈るような仕草をしてからそのまま横になったのです。

かねてから夫の症状は治る見込みはないと、主治医の先生から言われていました。現実は自他の区別すらわからない茫漠とした過去の世界に生きる人となってしまいました。わたしは現実の伴わない幻想の中で手当たり次第触れ回って徘徊する夫の哀れさに日夜泣けて涙が止まりませんでした。けれどもこちらへ参りましてからの日々は感謝に満ちたものとなりました。大自然に憩い、そしてホームのおおらかな温かさ。決して言葉を荒げず病人を静かに見守って幼子をあやすように優しく語りかけるスタッフの姿勢にわたしは介護の真髄を感じています。昨日も精神内科の森先生が往診してくださり、わたしの心配に答えて「ご主人が黙々と動き回り、やたらホームの調度品やテーブル、椅子その他を触ったり動かしたりしてもそっとして好きなようにさせておきなさい。それは脳ではなく、長年携わってきた職人の技が体にしみ込んでいるためで、無意識にしていることなのですから」と、にこやかにわたしの不安を払拭してくださいました。病院の先生方や、看護師さん、スタッフの皆様のなんと優しく頼もしいことでしょう。本当に驚くばかりの細やかさで看護してくださるのです。

神父様、わたしはこちらへ参りましてから毎日が感謝でございます。メキシコに御出現になったグァダルペの聖母のお言葉、「あなたの母であるわたしがここに居るではありませんか」のメッセージにどれほど励まされ、勇気づけられていることでしょう！ 夫の喜び・苦しみは、わたしの喜びと苦しみ。最後まで感謝しながらこれからの日々を歩んでまいりたいと思います。

神がこの自然豊かな山麓に憩う喜びをお与えくださったことに深く感謝しつつ……。長々と書き連ねてしまいました。失礼をお許しくださいませ。

神父様のご健康を心よりお祈りいたします。どうぞ御大切に。

第二章　緑に憩う希望の日々

初めての道

　まだ肌寒い二月中旬、わたしは見知らない山道を不安におののきながら車を走らせていました。行き先は榛名の山裾に広がる大規模な老人ホーム。「キリスト教の精神に則って高齢者に愛の手を差し伸べている充実した福祉施設です」と知人から聞き、安心して老後を託せる終の住処になれるのであれば……、と期待を込めての訪問。老人ホーム入所は数年前まで考えもしなかったのでしたが夫の病という避けられない現実問題に直面したわたしは真剣に今後を考える必要に迫られ、お訪ねして話を伺いたい旨を願い出たのでした。全く知らない土地を訪ねる不安と、山間を走る初めての道は緊張のあまり震えながらの運転となりましたが、この日、山のカーブがゆるやかに曲がる上り坂は行き交う車も少なく、通る人影のないことから「路線バスが通る道ならわたしでも走れる」と少し安堵して張りつめた緊張も次第にほぐれて走りながら周囲を眺めるゆとりが出はじめました。

暦の上では立春が過ぎたとはいえ、小さな山々が連なる榛名の一帯はまだ木々の蕾も固く、春が遠く感じられました。こんもりと森を覆う裸の木々……。わたしの心には眠りの中で息づく山々の命が伝わり、春の風景がまぶたに浮かんでいました。

運転に慣れてくると道路に沿って次々と迫る大自然の風景に魅せられて心がときめき、なんと美しい景色だろう！の連発。広がる森に埋もれるように点々と見え隠れするまばらな人家──。

九時には新生会本部で施設担当の方々と会い、入居の説明やら館内を案内していただく予定が組まれているのです。わたしはこの訪問に際して施設を見たいと思い、一時間早く家を出たので敷地内を散歩するゆとりがありました。車を新生会本部前に停めて車から降り、白亜の殿堂のように高層マンションが林をぬって建ち並ぶ広い敷地を一人気ままに見て歩きました。春光園の広い庭にデイサービスの送迎車が停止しているのが目に止まり、そのワゴン車に近づいて、「こちらにはデイサービスもあるのですか？」と声を掛けると、バスの中からにこやかな笑顔でわたしに手を振る人びと。傍で見送る職員が頷いて「こちらは軽費老人ホームですよ」と教えてくれました。更に歩くと広い梅林、バルナバ館、マリア館……。このマリア館は各戸とも室内から三方眺められる窓とベランダが付いている独特の建築構造で、同じ設計の館は三棟連なって建っているとのこと。見上げる個々のベランダには各人が育てる綺麗な花々や植物が窓辺を飾っていました。ふとこの広大な地域には高層の建物がどのくらいあるのだろう、と森へ視線を向けました。マリア館へ続く傍らには「梅香温泉・ウエルカムセンター」と書かれた看板が目に留まりました。あらっ、此処は天然温泉もあるの！と意外な発見に喜んだのでした。敷地内の道は所々で分岐して長く続いているようで、路線バスの車道を渡った北側にもホームの建物が幾棟もあるらしく、木々の合間から閉められたレースカーテンの高層窓が並んで見えました。二月の冷え込みが続いていても窓辺の盆栽植物はたくましく、どこを歩いてもベランダを賑わす花々が美しく目を楽しませてくれました。この道路沿いには榛名荘総合病院と、その隣に並んで複数の診療科目を持つ新生会診療所もありました。予想外の広大な敷地に驚いたわたしは下見を諦めて、其処に建っている本部へ踵を返したのでした。途中で九十代と見受けられる高齢婦人と出会いました。杖を突きながらゆっくりした足取りで少し歩いては立ち止まり、また数歩いて木々を眺めて安らいでいる風情。朝の散歩を楽しんでおられたのでしょう。

その日わたしは入居の申し込みを済ませてから新生の園、憩いの園、誠の園を案内していただきました。どの館も整然として美しく、絵画や花々が廊下のカウンターに飾られてありました。どの階を通っても壁に掛けられた大小の油絵が目に付き、その数の多さと見事さに魅せられて足を止め、吸い込まれるように眺めました。まるで画廊に並ぶ絵画を鑑賞しているような錯覚を感じました。どなたの作品なのでしょう。後になって、わたしをこのホームに紹介してくださった方の説明で、わたしの感動した絵の数々は高崎市在住の著名画家の寄贈作品であることがわかりました。こちらのホームには技芸に通じたさまざまの有名人が入居されておられたとか。さぞかし名の知られた方々なのでしょう。そしてグランドピアノの数々にも目を見張りました。かつて入居されておられた方々の寄贈でしょうか？　穏和の園の二階に立派な芸術ホールがあり、折ある毎にピアノ、バイオリン、アコーディオンその他各種の演奏会や合唱団が訪れてホームの人たちに美しい音楽を楽しませてくださるとのことでした。

新しいホーム

二〇一九年三月一日、わたしは夫より一足早くマチュア穏和の園に入居しました。まだ日高MWSショートステイでお世話になっている夫の移動は十二日後。その間のあわただしい日々も過ぎた当日、穏和の園からソーシャルワーカーほか一名とわたしの三人は夫を迎えに行きました。まだ様子が分からないまま緊張している夫はお世話になった方々に頭を下げてお礼を述べ、職員の皆様方と別れを惜しみながら手を取られて車に乗りました。わたしは夫が施設に入ったら多分もう自宅に帰る事もできないだろうと思い、道中たとえ一目でもいいから懐かしい我が家を見せたいと望みましたが、それは止めたほうがいいと言われ、諦めてホームへ直行したのでした。多分夫は自宅を見ればその場に座り込んで、てこでも動かなくなってしまったことでしょう。病人の心理をよく知るチーフ方の判断は妥当だったのです。

目的地へ向かう道中、赤城、榛名の山々を懐かしむように無言でじっと眺め続ける様子に「何を想っているのだろう」と心が痛みました。見慣れた懐かしい山々も遠く消え、馴染みの無い山坂を登り始めると目を瞑って口も利かない。

「お父さん見てご覧、景色が綺麗よ」と、並んで座るわたしがそっと膝をゆすっても目を開かない。何か揺れる心の模索をしているのでしょうか。

「落ち着くまでそっと見守ってあげましょう」と前の席から優しい注意。しばらく自宅から離れていた夫は我が家に思いを馳せていたのでしょうか？間もなく新生会のホーム群が林のあちらこちらに白く見え出しました。堂々とした建物です。

「さあ着きましたよ。わたしたちのお家へ入りましょう」。

わたしはおどおどと嫌がる夫の手を引きながら穏和の園の三階自室へ落ち着きました。そしてとりあえず床に絨毯とテレビ、安楽椅子、寝具類を整え、大切な家庭祭壇を借用の小ダンスの上に設えました。わたしたちの家族は亡き息子も含めて何よりも神に祈る場を大切にするからです。信仰は人生の総てですから……。

わたしは夫に祈りを思い出して欲しいと願いながらその準備に心を配りました。テーブルクロスをタンスの上に敷き、その上に主人手作りのケヤキ堂と、堂の中には木彫りの「秋田の聖母マリア像」と、幼子イエスを胸に抱く木彫りの「聖ヨゼフ像」の二体を安置しました。また、祭壇の上高く十字架のキリストを壁に掲げ、その左にキリストの聖心と、聖母マリアの汚れなき御心の聖画が収まる額を壁に掛け、その額の下に「グァダルペの聖母マリア」の額。十字架を挟んだ右には大勢の天使に囲まれた「人類の母なる聖母マリア」の額。祭壇には造花ながら綺麗な白バラ、紅バラを飾りました。そして夫の得心の作、組子細工ぼんぼりを設えてほのかな明りを燈したのです。どうかこの祭壇に気付いてくれますように……と祈りながら。

その祭壇はわたしの心を捉えました。夫の部屋に入る度に熱いものが込み上げてくるのです。それは心にほとばしる祈りの叫びでした。「あなたの母であるわたしがここに居るではありませんか」とお言葉を述べられたグァダルペの聖母マリアの聖画のなんとお優しいまなざし―。そのまなざしは夫の部屋から絶えずわたしを励ましてくださっておられるようなお心を感じるのです。このマリア様の絵姿には次のような出来事があります。グァダルペの聖母はこの著のタイトルでもあり、各章に度々メッセージが出てきますので実話の概略を伝えておきましょう。そしてこの慈しみのお言葉が苦しみを背負う方たちの心の慰めとなりますように。

グァダルペの聖母

今からおよそ四百五十年ほど前の、西暦一五三一年十二月九日の夜明け頃、現在のメキシコ市に近い丘のふもとを、ホアン・ディエゴという、五十七歳のメキシコ先住民が、ミサ（礼拝）に参加するために町に向かっていました。

すると、丘の方から、彼に親しく呼びかける声がし、虹の形をしたまばゆい雲の下に、美しい貴婦人が立っていました。彼女は、その土地の言葉で彼にこう言われました。

「わたしは、この地上のすべてのものを造り生かしておられる神の子、イエス・キリストの母です。この丘のふもとに、聖堂を建ててください。ここからわたしは、貧しい人、苦しんでいる人を助けたいのです。わたしは、愛といつくしみをもって、すべての人を守り、人々の嘆き、悲しみや、そのねがいに耳を傾けましょう。さあ、司教様に、このことを伝えてください。」

素直な心のホアン・ディィエゴは、司教様に聖母のことばを伝えに行きました。しかし、話を聞かれた司教様は、すぐには信じることができませんでした。本当に聖母に会ったのなら、その証拠を持ってくるように言いました。

この話をホアン・ディエゴから聞かれた聖母は、「丘にのぼって、そこに咲いているバラの花をつんで持って行きなさい。」と言われました。

十二月には、けっしてバラの花が咲くはずのないその場所に、かおりたかいバラがたくさん咲いていました。ホアン・ディエゴは、その花を摘みとって、マントに包み、司教様のもとに行って、そのバラの花を見せました。すると、色とりどりのバラが床にあふれ、そのマントに聖母の尊いお姿が現われたのです。

聖母は、そのいつくしみとあわれみ、そしてかわらぬ愛で、いつの世も私たちと共にいてくださることを告げ知らせるために、このようにしてご自身の姿を残されたのです。

現在、メキシコ市郊外にあるグァダルペの大聖堂の祭壇にこの絵姿がかかげられています。そして、四百年以上たった今もなお、この絵が色あせることも、朽ちることもなく、当時のままの姿で残っていることは、多くの科学者たちにとって大きな謎とされており、今も世界中の巡礼者をひきつけ、人々に深い感動をおよぼしているということです。

（一九八八年六月二日　島本要司教に認可されたカードより）

夫の部屋に飾られた「グァダルペの聖母マリア」の尊い聖画は、二〇一九年四月三〇日にわたしどもをご訪問くださった宣教クララ会のシスターから頂いた大切な聖画です。その聖母の御出現に関わる由来は、前記の『グァダルペの聖母』の文中に紹介しましたが、聖母の御出現を受けたメキシコ先住民、ホアン・ディエゴのマントに聖母が御自身の姿を写されたそのマントの絵姿を複写した御絵なのです。病気の夫にはこの奇跡の聖母がどのように映るかは知る由もありませんが、わたしの心を揺り動かした「あなたの母であるわたしがここに居るではありませんか」、という聖母のお言葉にすがって「わたしたちのためにお祈りください」と祈る日々ですが、そのわたしたちの母である聖母が見守っていてくださると思うと、どれほど慰められ、励まされることでしょう。

日本の秋田市郊外にある山ぶかい小さな修道院に御出現された聖母は涙を流されて、現代の乱れた世相を憂い、「世の多くの人びとは主を悲しませております」と語られ、「貧しさを尊び、貧しさの中にあって、多くの人びとの忘恩侮辱の償いのために回心して祈ってください」と訴えられました。老人ホームで介護を受ける弱い立場のわたしたちには、『わたしはあなたの母です。あなたはわたしの腕の中に居るのです。安心しなさい』といたわってくださるグァダルペの聖母の愛の言葉にどれほど励まされ、希望と喜びを見出すことでしょう。そしてホームに入られている高齢になられた方々の車椅子姿や、自室で介護を受けておられる方々の姿と辛さを偲ぶ度、秋田の聖母のメッセージを思い浮かべるのです。苦しみを背負う人びとの捧げる犠牲は、慈しみぶかい聖母のお心を喜ばせ、そのお取次ぎによって助けを求める多くの人びとを救うのだと。そして認知症が進む夫に寄り添い、苦楽を共に終生を送る決意をしたわたしたちにも今後襲い来る艱難辛苦を世の人びとの救いに役立つのであれば……と聖母のお望みに応え、奉献の思いを新たにしたのでした。招かれたこの地の美しい自然がわたしの心を洗い、天の呼びかけに心を動かせてくれたのかも知れません。

その後、わたしは夫が新しい環境に馴染む日を待ちながら傍を離れず見守っていましたが、いくらか気持ちも落ち着いてきた三月半ば過ぎ、手のつけられなかった身の回り品を自宅から移そうと思い始めました。

引っ越し専門のヤマト便に頼もうか、サカイの引っ越しセンターにしようか、または大型ワゴン車を持つ主人の近しい知人に頼ろうか……。気遣いのない業者に頼みたいのは山々ですが、たとえ高崎市内の短距離であっても規定の高額料金がかかる事は目に見えており、では夫と関わりのあった近しい心当たりに頼ろうとしても、事情が変わると親身になって快く手を差し伸べてくれる人などいないと判り、それを身に沁みて感じたわたしは人に頼らず自ら荷物を運ぶ決意を固めたのでした。まだ慣れない坂道を穏和の園と高崎市内にある空き家同然の自宅間を軽自動車で幾度も往復して荷を運ぶ事は容易な事ではないのです。老いてなお必要に迫られてハンドルを握ることの危険を知りながら、やむを得ず必死で繰り返す荷物運びだったのです。

「用があって自宅へ行ってきます。お昼頃までには帰ります。」

「運転には十分気をつけて行っていらっしゃい。」

この会話をスタッフ方や玄関ロビー事務室の方々と、どれほど繰り返したことでしょう。外出を願うときの肩身の狭さ。八十五歳を過ぎる老妻が車を運転すること自体不安を伴うことなので、誰もが心配のまなざしで見送ることは当然で、その言葉には無事を案ずる心が感じられるからなのです。その都度わたしは身をすくめる思いで出かけ、帰り着くとほっとした笑顔で明るく、「ただ今帰りました！」と報告するのです。

もちろん時間は予定より遅れることが常でしたが、フロントでも三階カウンターでも「お帰りなさい、ご苦労様」と笑顔でねぎらってくれるひと言のなんと温かいことでしょう。そしてたくさん積んできた荷物を重そうに車から下ろして玄関に運び入れると、フロントからどなたかが走り寄って、「ご苦労様。あなたは手をださなくてもいいです。重いから任せなさい」と言いながら倉庫から荷台を持ち出して荷物を積み重ね、わたしの部屋まで運んでくれるのです。数年前に受けた交通事故の後遺症が残る足の不自由なわたしにとって、差し伸べられた手助けがどれほど有難く嬉しかったことでしょう。

わたしの運び屋仕事も度重なったある日のこと、荷おろしの最中偶然通りかかった穏和の園に住まう初対面の見知らぬ男性が、わたしのパソコンや印刷機を見るなり「重いからわたしが運んであげましょう」と、とっさにその器具を持ち上げて部屋まで運んでくださったのです。その方には片ときも離れず面倒を見ておられる車椅子の奥様が居られるのです。わたしはこのときほどその方の心に生きる「隣人を愛せよ」という聖句が身に沁みた事はありませんでした。

満開の桜に映える春の歌声

三月下旬、わたしの部屋の前庭に枝を張る一本の桜が咲き始めました。ホーム周辺に群がる桜並木はまだ蕾も固く、春の気配は感じられません。わたしは目前に映る桜に心を寄せながら日々花数が増えてゆく風情を楽しんでおりました。こちらの桜は総て「染井吉野桜」と聞いていたので、少々異なるこの桜には惹かれるところがありました。わたしの目前で絢爛と咲く桜は「さあ一緒に神様を讃えましょう」と呼びかけているかのように四方へ枝を張り、その優しい美しさを広げていました。—なんと素晴らしい！神様、このお恵みを有難う—、わたしは目の前に奏でられる自然の美しさに来る日も来る日も感動しながら天地の創造主である神に喜びの賛歌を歌い続けたのです。アッシジの聖フランシスコが彼の有名な太陽の賛歌を歌ったように……。

神よ、造られたすべてのものによって、わたしはあなたを賛美します。
　わたしたちの兄弟、太陽によってあなたを賛美します。
　　太陽は光をもってわたしたちを照らし、
　　　その輝きはあなたの姿を現わします。
神よ、わたしたちの兄弟、風によってあなたを賛美します。
　　　　風はいのちのあるものを支えます。

わたしたちの姉妹、水によってあなたを賛美します。
　水はわたしたちを清め、力づけます。
わたしたちの兄弟、火によってあなたを賛美します。
　火はわたしたちを暖め、喜ばせます。
わたしたちの姉妹、母なる大地によってあなたを賛美します。
　大地は草や木を育て、みのらせます。

………アッシジの聖フランシスコ「太陽の賛歌」より

わたしは後から開花する幾百本もの桜を楽しみにしながら、目前に咲く桜の見事さに酔いしれていました。この早咲きの桜は不思議なほど長く咲いていました。そのうち四月に入ると、ようやく群れをなす桜の木々の蕾も一斉に膨らみ、あっという間に花盛りを迎えました。どこもかしこも桜、桜、桜。辺り一帯を埋め尽くす花の見事さ――。素晴らしい！ のひと言に尽きる自然の美しさは神秘的と言いたいほどの絶景でした。こちらは森に覆われた広大な山裾であり、あちらを見ても、こちらを見ても、花開く風景が見られるのです。山はようやく花と緑に潤う春を迎えたのです。

ところが花盛りを迎えたばかりのその四月、咲き始めた桜を襲った突然の異常気象。早朝から降り始めた無情な雪は止むことなく一昼夜続いて草木を覆う一面の雪景色に変わってしまいました。あっ、この見事な桜がだめになってしまう！ わたしは驚き悲しみました。開花してから三日目の気象異変でした。わたしはがっかりして、寂しさのあまり周囲の人に愚痴を零しました。

「桜はもうだめよね。こんなに雪が積もってしまったのだから助かりっこないわ」と。するとわたしを慰めてくれたのか、傍にいた女性スタッフが「大丈夫、桜は助かりますよ。花は強いのよ。雪は水だからその雪解け水が桜を救ってくれるわよ」と笑顔で教えてくれたのです。

その人の言葉通り翌日昼頃から天気が回復すると、あのショックを受けた雪景色も見る見る溶け出して翌朝にはその雪景色が消えました。桜は予想に反して再び華やかな微笑を見せ、その色香も失せませんでした。そして変わりない満開の桜は一週間わたしたちを喜ばせてくれたのです。あの一本桜も同様に……。しかし寿命が尽きたのか、その長い微笑も風に乗って皆より一足早く一斉に花吹雪となって庭を舞いながら飛ばされてゆきました。そして残る桜も後を追ってはらはら散り始めたのです。後に知ったのですが、あの花持ちの良い一本桜は冬桜だったのです。

稲和の園では毎月決まって「誕生唱歌の会」を開いていますが、四月はもっとも桜が見事に眺められるこの広い三階デイルームでの開催となり、各階から皆様が大勢集まりました。口々に桜を愛でる歓声の中での歌会は楽しく、さまざまな懐かしい日本古謡が桜の花びらに乗って歌われました。春を迎えて、桜や花の歌、こいのぼり、山の歌など—。明治、大正、昭和と歌い継ぐ懐しい日本古謡の数々に昔を偲ぶ郷愁を憶えました。花に囲まれての唱歌の会は、美味しいお菓子と団欒のうちにハッピーエンドとなったのです。この会には九十代の方々も多く、みな昔に想いを馳せながら楽しそうに歌い終わったのでした。

第三章　このいとしき人びと

千曲川に映る母の面影

―妹よ、母の草笛が聞こえますか―

かつては日本の屋根と言われるほど壮大な山脈や、大小さまざまの山に覆われた高地の信州信濃の国も時代の移り変わりとともに地名も長野県に変わりました。わたしの生まれたふるさとはその長野県です。馴染んだ信州・信濃の地名は昔を偲ぶ情緒があって懐かしく、わたしの想いも古き時代を回顧して瞑想にふけることも喜びの一つです。時代の流れは目覚しく変わりましたが、ふるさとの歴史は苦渋に満ちた人びとの姿を悲しく写しています。過去の生活の貧しさが際立っているからです。わたしはこの山々に囲まれた緑豊かなふるさとが大好きです。長野はわたしの愛する心のふるさと、その望郷の想いは幾歳月経とうとも消えることなく美しく生きているのです。

平坦地が少なく山岳地帯の多いこの長野県は昔から貧しい県として知られていますが、高い山々に囲まれて寒く、貧しい暮らしの中で培われる忍耐と知性はこの地に暮らす人びとの心を鍛え、人びとの間におのずと学を好む傾向を育んできました。それは山国という環境から生まれた知的産物ではないでしょうか。よく他県の方々から「長野県人は我慢強くて賢い、長野県は教育県、革新勢力の根強い県」と評されますが、それも貧しさゆえの山国特有の姿ではないかと思われます。冬が長くて寒い雪国の人びとはこたつでお茶を飲みながら四方山話や理屈っぽい話に花を咲かせて春を待ちますが、その素朴で人間味のある交流が郷土の人びとの心を豊かにし、知性を育てているのでしょう。

時代が移るに連れて長野県は地域住民に収入の道を開き、欠乏する財政の建て直しを計る目的で各種企業に工場招致を呼びかけたのですが、山に囲まれた地方では業績を挙げるメリットも少ないし、交通も不便だから、と断られてその企画は顧みられませんでした。遅ればせながら開通した上信越道や長野新幹線は冬季長野オリンピックが開催されるために作られた交通網であり、それ以前は陳情してもなかなか国の予算を頂けず、長野県は近代化から取り残されていたのでした。昔から貧しかった原因もこの点にあったのかもしれません。あの悲惨な戦争のいけにえ、「満州へ行けば二十町歩の土地がもらえる」と国に扇動されて海を渡ったおびただしい山村の貧しい農民たち。国の策略に乗せられた満蒙開拓移民と少年義勇隊の子供たちの死者数が日本一多かったことでも頷けます。

山間に広がる里の盆地は善光寺平、川中島平、松本平、佐久平などで、人口もこれら平坦地に集中していますが、その盆地も限られており、長野県の広さから見ると山岳地帯の広さには及びもつかないのです。

長野県の地形は南北に長々と伸びて地積も多いのですが山岳地は山が深すぎて到底人の住めるような地域ではないのです。それでも緩やかな山あいに、ぽつり、ぽつりと人家があり、まれに山間地方を車で通ると今も変わらず過疎地に垣間見えるわずかな人影も見受けられます。あちらに一人、こちらに一人、黙々と背中を丸めてうずくまるその姿はいつの時代になっても変わらないのです。高い山の傾斜にもわずかな野菜が育っているのを見ると、よくもまあ、こんな急勾配の荒れ地に野菜が……、と感慨深く眺めながら通り過ぎておりました。山間地方は多分土着する若者も少ないのでしょう。

畑にこごんで手作業する高齢者の背中に、ずっしりとのしかかる老いの重みが辛く感じられました。山路を通り抜ける車は多くても、過疎地はやはり変わっていないようでした。

長く伸びる長野県の地形は多岐にわたっています。北は新潟県の妙高高原に接し、西は立山、黒部峡谷に隣接。南は木曽路から御嶽山まで続いています。そして長野県の中間にあたる松本市からは、上高地や美ヶ原高原、蓼科高原まで県境が伸びており、諏訪湖の美しい風景や霧に霞む霧が峰高原のニッコウキスゲ群もまた人目を楽しませる県の観光スポットなのです。

わたしが信濃路の各地を旅して最も感動した風景は、伊那路を登る駒ヶ根周辺で眺めた純白の中央アルプスと南アルプスが重なり合って目前に迫る驚きの光景でした。その息を呑む素晴らしい絶景はいまでも忘れる事ができません。そして真っ白な南アルプスを茜色に染める夕焼けの光景と共に、伊那地方を流れ下る天竜川の清流もまた忘れ難い信濃路の美しい思い出となりました。

　北信地方でわたしの心に生きるふるさとの名峰は何といっても志賀高原と白馬連峰。北アルプスの真っ白な山並みは幼いときから眺めて暮した思い出の風景であり、わたしの心を潤す詩情でもありました。素晴らしい白馬！　わたしはこの地を幾度も訪れています。

　そして温泉の大好きなわたしは山ノ内温泉郷へも折あるごとに出かけており、目前に迫る志賀高原へも足を伸ばしました。信州の北東に連なる志賀高原には、標高二千メートルを超える志賀—草津間尾根縦断ルートがあります。日本一高い縦走は爽快感と躍動感にあふれ、眺望の素晴らしさは抜群。群馬県と長野県の境は、二一七二メートルの渋峠。左には二三〇〇メートルの横手山。西は断崖絶壁。眼下に広がる風景は、遥か彼方まで言葉に尽くせない美の大パノラマが広がっています。遠く山々の高峰を望む志賀高原はさすがに大自然の貫禄を見せる別天地、そのさわやかな大気と美しさは心を洗い清め、疲れを癒してくれる憩いのオアシスでした。

わたしは夫と共に故郷を訪ねるとき、長野県と群馬県を結ぶこの「志賀—草津ルート」の険しい尾根を縦断するドライブコースを幾度も走りぬけたものでした。尾根から眺める絶景は言葉で表せないほどの迫力がありました。それも今では遠い思い出となりましたが……。

わたしの生家は長野県を流れる千曲川と犀川に挟まれた川中島平（善光寺平）にあり、歴史をさかのぼる家系の先祖は大日方佐渡守直長。戦国時代に上杉謙信と武田信玄がはげしく戦った川中島合戦の歴史は有名で、その長い十年の戦いが続くさなか、上水内郡一帯を統治する小川城が武田信玄に襲われたとき、城主であった佐渡守直長は戦の流血から住民を守るために闘わずして信玄に城を明け渡し、上杉謙信の傘下に身を寄せましたが、後に武将を嫌ってその身分を捨て、川中島の地で質素に暮らしながら書画や詠歌に親しむ穏やかな日々を過ごしたと子孫に伝えられています。わたしの兄はその家系の十四代目を継ぐ当主でしたが、その兄も四年前に亡くなり、今は末裔の甥が家系を継いではおりますが、この甥には後を継ぐ子がなく、本人も生家から遠い大学で教えるかたわら己が研究の道にいそしんでおり、当代限りで生家の家系も終わるでしょう。すでに生家は閉じられて主の居ない家となっています。

わたしより五歳年下の妹は、長らく東京で教鞭をとっておりましたが定年を迎えて生家に帰り、当時まだ存命中の実家を継ぐ兄から許しを得て、同じ敷地内に自宅を建てて一人暮らしを続けております。妹には教職時代から治療に通うさまざまの持病があり、ふるさとに帰って静養しながら病気回復に努める希望を持っていたのですが、その願いも空しく病気は進む一方で一向に快方へ向かう兆しはなく、複数の医療機関から出る医師の処方薬もすでに六十種類を越え、その膨大な量に因る薬害を恐れながらも苦痛に耐えられず毎日飲み続けているとのことです。その妹は孤独と闘いながら一人で暮らしており、折々わたしに電話をかけてくるのです。

「みいちゃん、わたしとうとう階段が上がれなくなっちゃった！　どうにも動けないから二階のベッドをヘルパーさんに頼んで今日一階の居間へ下ろしてもらったのよ。もうお客さんが来ても洋間はベッドが場所をふさいで狭くなったし、室内も整理ができていないから、上がっていただくのを諦めるしかないわね」と、元気のない声。人気のない家で病気と闘う孤独感が見えるようです。

「そんなことどうだっていいじゃないの。ダイニングでお茶を差しあげたら?」。

「わたし、立っていることもやっとなのよ。分かる? 歩くことがつらいから地域のゴミ収集場所へごみを出すことさえどうにも動きが取れなくて……」。

立っていることさえやっととはなんという辛い日々でしょう。生活に欠かせないゴミ出しも遠慮して近隣に頼めずヘルパーさんに依存している様子。もちろん兄亡き後、一人暮らしを続けながら生家を守っていた義姉も体調を崩して最近老人ホームに身を寄せたと聞き、ますます妹を案じて泣きたくなるのでした。

長年東京で勤務していた妹にはそれなりの強い個性があり、わたしの意に添わないことも折々ありましたが、なによりも病気を抱える一人暮らしの八十歳を越える彼女の表に見せない胸中が感じられていたたまれなくなり、わたしは遥かな故郷の妹に心の中で呼びかけるのです。

「千慧子よ、マリア様はおっしゃいました。『あなたの母であるわたしがここに居るではありませんか』と。そのお言葉に頼ってわたしは祈り続けているのです。遠い長野で暮らす一人ぼっちのあなたもグァダルペのマリア様にお願いしてください。そしてすがり続けるのです。『あなたの母であるわたしがここに居るではありませんか』とおっしゃられたマリア様の腕の中に飛び込んで……」。

わたしは重病の妹を一人放置することの不安と危険から、ある日電話で、「わたしたち夫婦がお世話になっているこのホームへあなたも来る気は無いの？」と聞きました。妹は即座に「その気は全くない」と断り、「わたしは誰も居ない母屋を守りたいの。先祖の眠る墓地と、仏壇のお位牌、家伝の過去帳を守りたいから……」と、けんもほろろに電話を切られてしまいました。すでに実家は空留守です。

―千慧子よ、がんばれ！　あなたは語ってくれましたね。「一人で居ると孤独になるから、体調の良いときは好きなコーヒーを飲みに出かけて、そこで出会う人びとと会話し、本を読んで帰る」のだと。そしてときには「レストランで親しい友人と語らいながらランチを食べる」のだと。どうぞその思いを失わないように。神と共に居ない孤独は絶望に繋がります。祈りこそ希望であり、命の支えなのです―。

亡くなったお母さんを思い出してください。あなたはお母さんが病気のとき、病院でお母さんに洗礼を授けました。その洗礼名「マリア」を頂いただけのお母さんは天国であなたを見守っています。そしてお父さんにも亡くなる一週間前に洗礼を授けてあげましたね。わたしはそのときの状況をよく覚えています。あの穏やかなヨゼフ太郎の安らぎに満ちた面影と、胸に両手を合わせて無言で祈る姿を！　また、四年前に亡くなった姉マルガリタマリア素恵子のあの天使のような安らぎに満ちた美しい顔を。あなたはそのとき、病気で倒れそうになりながらも気力を振りしぼって、よちよち杖を頼りに長野から赤羽教会の葬儀ミサに出席しましたね。祖母のマリアさくは、臨終間際に孫の素恵子から洗礼を受けて静かに息を引き取りました。この家族の頂いた大きな恵みを思い出してください。

松代の中村家から大日方家へ嫁いで来たお母さんは、太平洋戦争の戦前・戦中・戦後を通じて、どれほど大変な苦労をして来たでしょう。士族の誇り高く気丈な祖母への気苦労、病弱のために働けなかった父、それと五人のわが子の養育。敗戦を迎えて満州と朝鮮から帰国した父の弟たちとその二組の家族たち。横浜でＢ２９爆撃機の犠牲になって片腕を失った父の末弟と連れ帰ったその家族の世話など、戦中、戦後の食糧不足の中、大家族を抱えたお母さんの苦労は並大抵ではなかったのです。

はたらけど
はたらけど猶わが生活楽にならざり
ぢっと手を見る

石川啄木『一握の砂』

この歌を地で行く母の苦労をわたしたちは見てきました。千曲川の川べりで泣いた母。それを見ていたのはわたし。そのときあなたは幼く、桑摘みのかごを載せたリヤカーを引っ張ったり押したりする力はまだなかったのです。母は歌ってくれました。あの悲しい七里ガ浜の歌を繰り返し、繰り返し―。「真白き富士の峰　緑の江ノ島　ボートは沈みぬ七里ガ浜の……」と。

その悲しい挽歌を母はいつも歌っていたのです。そして千曲川の緩やかに流れる水辺に下りて葦の葉で折ったボートを清流に浮かべて見送りながら草笛を吹くのです。その細く尾を引く寂しげな音色が波間に消えてゆきました。そして話してくれました。

「わたしが幼いとき、わたしのお母さんは病気で亡くなりました。お父さんは間もなく二度目のお母さんをもらいました。そのお母さんは元気が良かったのでお父さんはお母さんの言うなりになっていました。新しいお母さんに次々子供たちが生まれて家族が増えました。その子たちが牧島に住む妹と、松代町の三人の弟たちです。わたしはまだ小さかったのに妹や弟の子守をしたり、井戸の水汲みや、千曲川近くの畑から野菜を採ってきたりしてお母さんの手伝いをしていたので勉強や遊ぶ暇などなかったのです。だからわたしは小学校しか行っていないの。いつも思い出すのは亡くなったお母さんの顔ばかりで、寂しいときや辛いときは庭先の井戸を覗いて水に映る自分の顔を見ながら泣いていました。『亡くなったお母さんのところへ行きたい』ってね。そして井戸を覗く度に死にたい！死にたい！って、泣いていたんですよ。

小学校を出ると、お母さんは、まだ少女のわたしを製糸工場へ連れて行きました。わたしはその工場で、住み込みで働くようになったのです。お父さんは優しい人ですがお母さんの言うなりで何も言いませんでした。糸紡ぎの仕事は辛かったけれど同じような友達がたくさんいたので家には帰りたいと思いませんでした。

そして二十歳を過ぎてからこの大日方家へ嫁いできたのです。後で聞くと、その頃のあなたのお父さんは肋膜を病んでいて働けなかったのです。若い頃向上心に燃えていたお父さんは新しい文化に惹かれて当時まだ珍しかったカメラに夢中になり、あちらこちらと歩き回ってずいぶん写真を撮っていたようです。その撮影技術があったので新聞社のカメラマンになって佐渡の金山へ取材に出かけて金山で働く鉱夫たちの取材をしていたのですが、一ヶ月間金山の洞窟で働く鉱夫たちの写真を撮っている最中に肋膜を患ったようです。病気で新聞社をやめてから長野の家に帰ったのは二十八歳でした。それからずっと家で療養するようになったのです。佐渡は寒いところで、しかも空気の悪い鉱山の中でしたから肋膜のほかに喘息や痔病を併発したのです。その喘息と痔は死ぬまで苦しむことになるお父さんの不治の病となったのです。その病気があるから療養を兼ねて度々温泉へ出かけて湯に温まり、本来のカメラ撮りにもうつつを抜かしたのでしょう。もともと文学を好むお父さんはその他多趣味な人で、若い頃はバイオリンを弾いたり、絵を描いたり、歌を詠んだり、その他当時は誰も持っていない珍しいラッパのラジオや蓄音機まであったのですから、長年の持病に苦しまなければ違った人生であったかもしれせん。無学なわたしにはお父さんの世界は難しくて何も判りません。仕事に追われる農家の嫁には無縁な話ばかりです。お父さんは明治二十六年生まれの士族の末裔。わたしは明治三十年生まれの田舎者です。

わたしが知っているのは座敷にこもって寝起きする病人の姿だけ。その座敷へ勝手に入る事は許されないのです。とにかく嫁に来たものの、折り目正しい姑にはわたしが気に入らないらしく口もろくろく聞いてくれませんでした。朝から晩まで休みなく働き続け、疲れきって生きているのが辛くなりました。お父さんは自分の座敷にこもりきりで、わたしに優しい言葉のひとつもかけてくれなかったのです。教養もないわたしは嫌われているのかと、悲しくなりました。でも五人の子供たちを思うとただ我慢して働くばかりだったのです。わたしはこの家の女中のように働いていたのですから、働き手が欲しいための嫁だった気がしました。辛くてどれだけ死にたいと思ったことか――。

わたしは製糸工場で長く働いたので少しお金もあったし、タンス一杯自分で織った着物を持って嫁に来ました。その着物は食べ物がなくなったとき、みんなお米に変わったのです。そのおかげで終戦前後の食糧難のとき、大家族はわたしの着物に助けられたのです。でも苦労したのはわたしだけではなく、国全体が戦争の犠牲になって食べ物にも事欠く苦しみを味わったのですから、戦争が無かったらもっと明るい生活だったでしょう。」

これがわたしの知っている母の真の姿です。母はとても情の深い人でした。お母さん、マリアという天国の名前を頂いて良かったですね。おめでとう。お母さんの居る天国はどんなに幸せな世界でしょう。わたしたちも後から行きますよ！　お祈りください。

第四章　天国への道

光を求めて

新しい朝を迎えました。眠れない一夜を明かして外を眺めると、降りそそぐ雨に木々の緑はうなだれ、あたり一面どんより翳っています。まるでわたしの心に立ち込める霧のように——。ああ聖心の月も今日で終わり……と寂しく森に目を遣り、心の愁いを慰めるように聖心の歌を口ずさんだのでした。

悩みつつ辿り行くは　人の世のつねなれど
霧ふかく立ちこめて　我が心迷えば
み心の光よ　道のしるべと照し給え
行く手の道を守り給え……

あらし吹き波は高く　船はゆれかたむきて
ひかりなき海原に　我がこころ弱れば
み心の光よ　道のしるべと照らし給え
行く手の道を守り給え……　（カトリック聖歌集「聖心二六六番」）

六月三十日は聖心の月の最終日です。この日は日曜日でしたのでミサに与かりたいと思い、出かける準備を始めました。わたしには長年培ってきた聖心への信心があり、この日、イエス・キリストの聖心に夫の御加護を心から祈りたい切実な願いがあったのです。

数日前から気象庁は日本に接近してきた強い低気圧の豪雨と災害の危険を繰り返し警告していました。周囲を山々に守られて風雨や自然災害の少ない榛名近辺も七時頃から次第に雨脚が強くなって雲行きが怪しくなり始めたのですがわたしには天候の不安より日々病状が進む夫を心配するあまり、なんとしてもミサに与かりたい思いが強くあり、あえて雨中の出発を決行したのです。予想通り雨も強く降り始めた七時二十分、わたしは榛名の山を下り高崎教会へ向かって車を走らせました。道中何事も無く無事に着きますように、と懸命に祈りながら……。

ミサは九時から始まるのですがその一時間前に着きたいと思い、早めに出発したので時間にはゆとりがありました。誰もいない静けさの中でロザリオを祈って聖母マリアのお取次ぎを願い、御聖櫃の御前でイエス様の聖心に心から祈りました。

「病気で眠る夫の心を目覚めさせてください。その心に神様を思い出させ、祈りをよみがえらせてください」と。わたしは聖書のみ言葉に縋って「イエス様は『求めなさい、そうすれば与えられる』とおっしゃったではありませんか、わたしは諦めずどこまでも希望を持って願い続けます」とあきれるような祈りをしたのです。傲慢とも思える強引な縋り方ですが、わたしは聖書に出てくるイエス様の聖心と御言葉を信じたからこそ祈れたのです。祈り終わると丁度ミサが始まりました。涙ながらのミサを終えた帰りは心配された雨も止み、雲や霧もあがって緑の山並みが明るく見えてきました。最後まで夫の病気に負けない覚悟ができたわたしは再び心も晴れて明るく穏和の園に帰りました。そして改めて「信じること」、「希望を持つこと」、「深い神の愛に信頼すること」、の恵みを噛み締めたのです。また、ミサに勇気付けられたわたしは今まで人に話せない醜態として心に閉じ込めた昨夜の様子を伝える事も、高齢化と共にこれからますます増えてゆく『認知症』という避けられない病気の現実と、その介護や病人への理解を深めていただくためにもありのままを伝える覚悟を祈りから頂いたのです。老いはすべての人に訪れ、命ある者の避けられない将来の姿でもあるからです。

昨夜の事です。その深夜、わたしは語ることすらはばかられる夫の不始末に遭遇して茫然自失しました。病気と分かりながらもあまりの惨めさにうろたえるばかりで、駆けつけたスタッフにお詫びのひと言も言えず、ただおろおろと成す術もなく見ているだけだったという思わぬ場面と出会ったのです。

昨夜からわたしはこの稿の第四章に入りました。ところがどうしたことか、途中でパタッと文章が途切れたままどうにも先へ進まなくなってしまいました。どんなにあがいても後が続かないのです。わたしを阻むこの壁は何を意味するのでしょう？　なぜ筆が止まってしまったのか――。もがけばもがくほど硬くなる心境に悲鳴を上げたわたしは聖母マリアにお導きを願い続けました。それでもまだ闇の深淵に落ち込んだような心の硬直状態が続いて気持ちも晴れないまま時間はドンドン過ぎてゆきました。その立ち往生の空白は数時間続きました。とうとう行き詰まったまま諦めてペンを置きました。

すでに夜も遅く、館内はひっそりと寝静まっていました。わたしはいつものように足音をしのばせながら夫の様子を覗きに行きました。夫は認知症も進んでおり、目を離していると何が起こっているのか分からないのでスタッフ方からは「心配せずわたしたちに任せなさい」といつも言われるのですが、やはり病人から心が離れず、隠れるように人目を忍んで覗き見をしてしまうのです。

「あっ、大変!」夫の部屋はトイレも室内のカーペットも垂れ流しの汚物だらけ。本人はベッドから起きており、虚ろな目でぼんやり立っているのです。着ているパジャマも下着も汚物だらけ。寝具が汚れていないところを見ると、排便を催したくなって起きたとたん、トイレへ行く間もなくどっと汚物が出てしまったのでしょう。それも大量に。その場には誰もいなかったので本人はどうしてよいやら分からず、その汚物を垂らしながら部屋中をうろうろ徘徊し回っていたため、広範囲に汚れてしまったのでしょう。これはわたしの手に負えないと感じ、急いでスタッフへ知らせに走ったのでした。

わたしはその光景を見た瞬間、頭を金槌で打たれたようなショックを受け、「あっ、マリア様はそのような病む人たちの辛い真実を伝えるよう望まれていらっしゃる！」と気付いたのです。間もなく夜勤のスタッフ方が駆けつけてくださり、懸命に清掃してはくださったのですが、深夜のことでもあり、おおよそ片付いたところで「後は明日にしましょう」と引き揚げたのでした。このようなことは今回に限らず度々あったのです。その状況を知らずにいたのはわたしだけで、職員の方々からは「よくある事ですからわたしたちは慣れていますご主人を責めないでください」と注意されていたのです。入居のとき新調して夫の部屋へ敷いてあげた絨毯も「放尿」と「垂れ流しの汚物」「自ら招いた怪我の血痕」などで汚れてしまい、すでに廃棄されています。黙々と嫌な顔一つ見せず処理してくださる職員方には感謝の言葉も足りないほどです。その忍耐強さと、病人に敬語を使って懇切丁寧にゆっくり話し、「有難うございます」を連発して優しくいたわるその姿に、わたしはどれほど教えられ感謝していることでしょう。

現代では認知症を患っている高齢者が数知れずおられるのです。報道によると、最近は高齢者ばかりでなく病む年代も早まっている、と伝えられています。そして十数年後には日本人の多くが高齢者で占められるという身近に迫る「高齢化社会」問題も浮上している現実なのです。

わたしは無言のメッセージを示してくださった聖母に心から感謝しました。この第四章の「天国への路 ─光を求めて─」はとても大切な意義を持つことに気付かされたのです。夫の惨めな現状に立ったわたしはどれほど悲しかったことでしょう。本人の心も閉ざされる認知症とはこのように辛く切ないものなのです。そしてわたしは真実を語ることに勇気が出たのです。この決意と同時に目の前がぱっと開けて再び書く意欲が沸いてきました。実際に自分の目で見、介護という体験を通して知った真実の姿をもう隠すわけには行かなくなったのです。

ミサから帰った食後のひととき、わたしは昼寝の夫に寄り添いその耳元でそっと囁きました。

「ごめんなさい、わたしはあなたが話してくれる言葉の意味が全く分からないの。ただ『はい』『はい』と頷いて相槌を打っているだけなのですから。あなたはわたしが笑顔で聞いてくれるのを喜んで延々と訳の分からない言葉を続けます。わたしはその笑顔が嬉しくてもっともらしく頷き、背中を撫でてあげるのです。あなたの話し相手は特定なしの独り言なのですよね。その内容も全部仕事。来る日も来る日もあなたは休み無しの仕事をし続けているのですから。あなたの脳は記憶の仕事場になってしまったのです。だから食事をしてもお茶を飲んでも『お金はいくら？』とか『これから仕事に行く』などと同じことを言っているのです。『長年働き続けた人生でしたからね。もういいのです。何も心配しないで休んでくださいね……。』」

わたしには夫が哀れで胸が詰まりそうです。鏡に映る自分の顔すら判らなくなったのです。だから自分の顔を他人と間違え、鏡に向かって話しかけるのです。鏡の中に映る人影はあなたの友達なのです。「あんた誰だね、ああそうか……」と一人語り。夫よ、あなたは無邪気な赤ん坊になりました。最近は身の回りの世話を受けるとなんとなく感じるのでしょう。誰彼無しに頭を下げて「有難うございます」「有難うございます」と他人行儀の言葉が頻繁になってきました。感謝は嬉しいのですがどの程度の自覚があるかは疑問です。でも頭を下げる姿は無邪気で微笑ましく、それを見るわたしも思わず笑顔になるのです。

もう罪の意識すらない幼児に返ったのですから天国はあなたに門を開いてくれるでしょう。

夫の症状はその場に応じてさまざまに変わりますが、それでもわたしは希望を捨てず、何時果てるともなく「絶えざる御助けの聖母」に―どうぞ夫の心に光りをください——と九日間の祈りを繰り返し、繰り返し、祈り続けています。

先週、夫に目を見張るような仕草が見られました。夕食が終わったとき、居合わせた男性スタッフが突然声を上げ、「あっ、奥さん見て！見て！」と、夫を指差したのです。その声にびっくりして何事かと隣を見ると、夫は食事後、十字の印を額と胸に付けて両手を合わせ、頭を下げたのです。その翌日の夕食後も同様な光景が見られました。このときは十字の印の後、左手はそのまま胸に、十字の右手を天に伸ばしてパッと開いたのです。おや？なんの仕草だろう、天の神様へ投げキッス？とびっくりしました。

わたしはそ知らぬ顔で見て見ぬ振りをしたのですが、多分心のどこかで記憶に残る何かが衝動的にそのような挙動へ繋がったのでしょう。わたしがいつも三度の食事前後には必ず十字架の印をして感謝の祈りをするものですから無意識にそれが心に映っていたのかも知れません。そして夜、夫がなかなか寝付かないときには本人に構わず、わたしはベッドの脇で祭壇に向かいロザリオを一環祈るようにしています。するといつの間にか眠ってくれるのでホッと一息ついて自室へ戻るのですが、この無言で祈る姿もまた何らかの誘引になっているのかも知れません。とにかく「認知症」という病気は、各人の症状の進み具合にもよりますが、普通人には理解しがたいほどの難題があまりにも多いのです。その介護の大変さを身に沁みて体験しながらも尚、夫に対してどのように接してよいのか、いまだに暗中模索の状態で、その接し方に反省したり、つい感情に負けて叱ってみたりと、戸惑う日々を繰り返してしまうのです。最近は祈るばかりではなく、先ず大切なのは自分自身に打ち勝つ努力が必要だと感じています。わたしに忍耐と心からのいたわりが身につけば夫の心も安心して安らいでくれるのではないでしょうか。目下わたしも、もっと愛の修行を積まなければ……と心から感じるようになりました。そして付き添いながら気付いたことは、思考の機能が壊れても病人には心の感性は残っているという点でした。また、病む本人の身についた性格上の個性も消えることがなく、その強弱の度合いによっては介護の大変さにも影響があることを改めて知ったのでした。

サンタ・マリアの子守唄

一五三一年十二月十二日、メキシコ市郊外のテペヤックの丘で第四回御出現の聖母は先住民、ホアン・ディエゴにおっしゃいました。「わたしはあなたの母です。あなたはわたしの腕の中にいるのです。安心しなさい」と。

なんと愛のあふれたお言葉でしょう。聖母は十二月九日から十二日まで四日間続けて出現されています。それは『すべての人びとの母』であるというメッセージを伝えるためでした。（第二章「グァダルペの聖母」参照）わたしはこの四回目の御出現でおっしゃられたお言葉があたかも自分に向けられているような強い衝動を受け、そのお言葉を頼って聖母の腕へ飛び込みました。

「マリア様、わたしはマリア様に縋ってその腕の中からお願いします。夫を守ってください。そして助けを求める多くの人びとを慰めてください。それぞれの個室で病の床に臥し、介護を受けておられる方々の辛さ・寂しさは如何ばかりでしょう。わたしはこのホームへ来てから多くの方が背負うさまざまな艱難辛苦をこの目で見、心に感じました。直接語り合う機会はあまりないのですがそれぞれの人影に映る人生の重みが伝わってくるのです。わたしたちの母であるサンタ・マリア、あなたの子たちをお守りください」と聖母の御絵を仰いで祈りました。病の夫を抱える今のわたしには祈りだけが唯一の希望であり、頼りなのです。そして支えられる祈りの中から喜びを見出していたのです。

ところが最近祈りだけに頼る消極的な自分の姿勢に疑問を感じるようになりました。気付いたのは廊下伝いのチャペルで十字架の道行きを祈るようになってからのことで、イエス様の御受難を偲ぶうちに自分の姿を顧みるようになりました。イエス様の求められるまことの愛とは、『人類の救いのために十字架に架けられて自らの命を罪の贖いの生贄として捧げられたイエス・キリスト』のお姿に反映されていることを辿る御受難から教えられたのです。

己を捨てて隣人を愛する生き方はたやすい事ではありませんが、わたしのもっとも身近な老人ホームという終焉の人生を共に生きる共同体のなかでそれを感じることが多くあります。皆が寄り集まる共同体は一つの家族であり、社会の一角でもあるのです。わたしは老人たちが互いに寄り添い、喜びや悲しみを共に分かち合って生きる姿にイエス様の愛を感じています。お年寄りの方々には年輪の厚さも加わり昔ながらの人情がひとしお深いことをふれあいのなかで感じます。時代の流れには誰もが経験するさまざまな困難や、進歩する文化に潤された一時的な喜びもありますが、長い命の年輪を生き抜いた人びとには文化以上の尊い体験から生まれた精神の輝きがあるのです。わたしは高齢者の人びとが浮き沈みの時代を乗り越えて鍛えられたその豊かな心に息づく「いとおしみの愛」をともに感じさせていただいております。どんなに貧しくても苦しくても愛は生きているのです。そして老いることは頂いた命の自然の姿であり、その時を迎えたときこそ、体力の萎える老人には支えが必要で、その支えが互いをいたわり合う心の繋がりではないかと考えるようになりました。わたしは新生会・穏和の園に入居してまだ六ヶ月ですが、その入居の当日から温かく声をかけてくださる方たちが複数おられて、今では誰とでも分け隔てなく話し合える喜びを頂いています。この心の交流こそ老いてゆく人びとには何よりも心強い支えであり、喜びではないでしょうか。こちらの施設には天然温泉が敷地内から湧き出ていますが、聞くところによるとその昔飲み水の不足に困って地下水を当て込んで掘削したところ、水ではなく温泉が湧き出たとのことでした。そして場所を変えて掘ったところからは山の地下水が流れ出たそうです。新生会が擁する十数箇所の園に住まう数百人の人びとがこの恵みの温泉や清水の恩恵を受けているのです。温泉はホームの人たちが自由に入浴できるので在住の皆様方の嬉しい憩いの場になっているのです。

こちらでは百歳と聞いても驚きません。九十代後半の方々も多く、それぞれ足腰こそ弱ってはいても言葉や思考力はわたし以上にはっきりしているのですから驚きます。九十九歳の男性は眼鏡なしに難しい論文調の書籍を読んでいるのでびっくりしました。同じく九十代の男性は車椅子ながら美しいメロディーが流れると生き生きと両手を上げてタクトを振るその堂に入った手振りに感心して「どうしてそんなにお上手なのですか？」と聞くと、以前管弦楽の演奏会で指揮をとっていたと聞いてこれもまた驚き。そうかと思うと「六月誕生唱歌の会」が穏和の園六階デイルームで開かれたとき、わたしの隣席に居られた車椅子のKさんが何ともいえない美しい声で朗々と歌っているのです。その声量に驚き、この方にも聞きました。「以前何か音楽に関わるお仕事でも？」と。案の定、かつては声楽家だったとのことでした。わたしは感激して握手を求めると、あちらも喜んでくださり、わたしの節くれだった手を硬く握り返してくれたのです。その方はご病身らしく、鼻に酸素吸入の管を付けたまま歌っていました。その姿が痛ましく、内心ほろりと胸が詰まりました。けれどもその方の楽しそうに歌う姿は居並ぶ一同にとっても喜びで拍手のアンコールが沸いたのです。そのアンコールでもう一曲プラスされるときはさすがに酸素管をはずし、歌い終わったとき再び付け直したのです。そしてお疲れになったのか、一同より先に車椅子で介護を受けながら居室へ戻られました。このAさんの隣席に居られた九十代のK婦人もかつて音楽教師でいらっしゃったとか。ご本人はひと言も自慢めいた話をなさらないのでわたしは知らなかったのですがその後、歌の会を指導してくださる副園長さんから「Kさんもそうですよ」と会が終わった後で伺いびっくりしたのでした。そしてわたしはそのKさんとも親しくなったのです。

この歌の会に集まる方々は必要に応じて車椅子や杖を使われていますが、八十六歳になったわたしは周囲の方からまだ若いと言われながらも皆様同様杖を頼みとする障害者の一人なのです。誰も彼も天国に近づく年齢ですが、わたしは共に住まう方々の心の清らかさと奥ゆかしさに感動しています。すべての塵を払い落とした爽やかな笑顔の人びとと交わると、どたばた夫の世話に悲鳴を上げるわたしなどまだまだ悟りの境地には遠いと恥じたのです。心に沁みる豊かな山の緑がホームに憩う人びとへ幸せを運んでくれているのでしょう。皆様、いつまでもお元気で……、と言いたいところですが、わたしも含めて天国へ向かう道のりは遠いようで意外と近いのかもしれません。わたしたちの歩んで来た人生の道のりはすでに峠を越えており、その先へ続く平和で花香る道には希望と喜びが広がっているのです。その道にはすでにわたしたちより先んじて希望に照らされた大勢の人びとが歩いています。すべての民の母である聖母マリアは慈しみのマントを広げてこの数知れない善良な人びとを守っていてくださるのです。

わたしは多くの人びとと手をつなぎ、天の御母の腕の中でサンタ・マリアの愛のセレナーデに安らぎながら祈りたいのです。

世界の元后である汚れなきマリア
　あなたの子供たちのためにお祈りください。

わたしは二十年ほど前に見た抽象的な夢を忘れる事ができません。取るに足りない夢物語と笑われそうですが、ときによっては何らかの励ましになればと思い、あえて古い夢を御母マリアに捧げる感謝を込めて語りたいと思います。

―水面に立つ幻の聖母マリア―

わたしは朝もやのかかる明け方の林の中に一人立っていました。すると山の木立を縫ってやぶ草を掻き分けながら現れた善良そうな数人の男たちの姿を見かけました。その人たちは新しい白木の角材を一本ずつ重そうに担いでわたしの前を通り過ぎて林を下ってゆき、山裾の崖ぶちで姿が消えました。その山裾には広い川が流れていて、河川敷に大勢の人びとが集まり川を渡ろうとしていました。

わたしはその近くに立って川を眺めていました。旅支度の群衆は二列に編成を組んで川の浅瀬にはいり、対岸を目指して水中をぞろぞろ移動し始めました。その人びとは風呂敷包みのような布に包んだ小荷物を一個ずつ首に背負って水中を渡っていました。その荷物もさまざまで、大きな荷を肩に担ぐ人やら、背中に背負っている姿もありました。川は広く、中心へ向かうほど水かさも多くなり、本流と見られる中ほどは波立つ急流となってごうごうと川下へ流れていました。水に足を取られそうになりながらもぞろぞろと水中を渡る人びとの姿は蟻の行列のように小さく見えました。その列は川の真ん中あたりまで進むとみんな荷物ぐるみ首まで水に浸かってとうとう激流に押し流され、散り散りになってあちらこちらで浮き沈みながら悲鳴を上げて助けを叫んでいました。

そのとき、白いドレスに青色のマントを身に着けた一人の婦人が川面に現れて水や風を防ぐように両手を左右の岸に広げたのです。透き通るように透明で美しい青色のマントは川幅一杯に広がりました。すると川の流れがみるみるうちに穏やかになり、溺れかかった人たちもようやくもとの集団へ戻ることができ、救われた人たちは互いに助け合いながら全員対岸へ辿り着く事ができたのです。

わたしはそのお方が誰なのか、お顔と両手、ドレスごと水中に沈んだひざから下の両足部分は夢に現れなかったので見られませんでしたが、美しいお姿から察して聖母マリアではないかと思いました。ひらひら風に舞う青いマントのなんという神秘的な美しさ！　不思議なことにそのマントは空気のように透明で、触れようとしても掴みどころがないのです。そして白いドレスを着て羽織るマントはその貴婦人の掌まですっぽり覆って広がっていたのです。夢のお姿は胸からひざまでと、両腕を広げたブルーのマントが両岸まで伸びて、川面にひらめく衣のみでした。けれどもあまりにも美しい透明で羽二重のような光沢のある青いマントは幾年経ってもその色を失わず心に印象付けられているのです。きっと天国にいらっしゃる現実のマリア様は夢のお姿よりもっと神秘的な美しさと慈愛を含んだ温かいお姿ではないでしょうか。グァダルペのマリア様は母の愛にあふれるお言葉『わたしはあなたの母です。あなたはわたしの腕の中に居るのです。安心しなさい。―あなたの母がここに居るではありませんか―』と、地上の人びとにメッセージをくださいましたが、このお言葉こそ紛れもない真実の母の愛情あふれるお言葉なのです。

第五章　愛の賛歌

レクリエーションに弾ける笑顔

七月十八日は新生会の夏祭りが開催される日です。お祭り会場は穏和の園の二階芸術ホール。夕方六時から始まるのでこの日はスタッフ方も朝から忙しそうに動いていました。わたしは始めてのお祭りなのでこれといった感慨もなく時を過ごしていましたが、昼食のときスタッフが声をかけてくださったのです。

「お祭りに参加するようでしたら夕食は控えめにされたほうがいいですよ。ご馳走がたくさんありますから」と。夫がまだ元気だった頃は祭りが好きで八月の高崎祭りにはいそいそと出かけて神輿の練り歩きや町内会の山車行列、婦人会の民謡踊りなどを眺め、路上の出店にも足を止めるなどして楽しんでいましたが、わたしは逆に雑踏の喧騒が嫌いで、疲れる祭りには全く関心がありませんでした。ですから新生会のお祭りと聞いてもさほど気乗りがしなかったのです。するとホームに長く居られる方が誘いの言葉をかけてくれました。

「焼き鳥やビール、やきそば、フランクフルト、赤飯、お菓子やデザートなど何でも食べ放題だから楽しいですよ。参加しませんか」と。こちらの夕食は五時ですので立て続けにはそれほど食べられないのですが、自分の好みを気ままに選べる事はちょっとした楽しみでもあったのです。夏の風物詩といえば涼しさを呼ぶ花火とか、カキ氷、風鈴などに目を誘われますが、この祭りにも花火はもちろんカキ氷コーナーも出ると聞いて昔懐かしい氷の食感を味わいたくなりました。

「えっ、そんなに色々あるの？じゃあ夕食を少なくしてそちらを楽しみましょう」ということになったのです。この夏祭りは新生会慣例の行事でしたが、今年は地元の人たちも協力してくださることになり、初めて地域と新生会が一体となって行われる福祉活動のパイプとなったのです。

そして夏祭りばかりでなく、秋には榛名山麓の北に面する箕郷町の婦人会による華やかな狐の嫁入り行列が新生会老人ホームの道のりを練り歩く『狐の嫁入り祭り』も新生会福祉バザーと併合して行われる年中行事の一環になっているのです。この祭りはわたしも昨年十一月三日に始めて見たのですが、長い行列を組んで静々と練り歩く婦人たちの晴れ着は各自の大切な江戸褄を着用していることに驚き、その華麗さに見惚れました。文金高島田に白い角隠しを覆う美しい花嫁の先頭を行くのは祝いの紋付羽織袴姿で提灯を手に持つ男性たち。道の両側で寿ぐ祝歌や小太鼓も興を添えて昔話の「狐の嫁入り」行列を引き立てていました。古い時代は里山の嫁入りもこのように花嫁は歩いて嫁いだのでしょうか？　祝いの江戸褄や花嫁衣裳に狐の尻尾が付いていたのは滑稽で、思わず笑い出すお伽噺話の風景でした。

七月十八日夕方から始まる夏祭りでは、倉渕の皆様が演じるお神輿や民謡、三味線、花火などの楽しみも盛りだくさん組まれている様子でした。どのようなお祭りが展開されるのでしょう。わたしは始めての夏祭りに期待して、「一緒に参加しましょうよ」と、無口の夫に楽しさを極力アピールして誘いました。わたしには喜怒哀楽の反応が薄れてきた夫を何とか大勢の中へ誘って人並みに賑やかな雰囲気を楽しんでもらいたい願いがありました。その夫もようやく腰を上げて夜祭りを見に行く事になったのです。やれやれと一息ついてわたしたちは早めに夕食を済ませて六時の幕開けを待ちました。夫の気が変わらないうちに興味を持たせようと、まだ準備中の開催二十分前から会場周辺に腰を下ろして忙しそうに立ち回る人びとの動きを二人で眺めておりました。

平素制服で勤務する職員方もこの夜は涼しそうな浴衣姿やハッピ姿で熱気も盛り上がっていました。広いホールの中心にはテーブルと椅子がグループで座れるように幾組も用意され、そのテーブルを囲む外郭には、やきそば、おでん、フランクフルト、おすし、赤飯、枝豆や焼き鳥、アイスクリームとかき氷、ビール・ジュース類、ケーキや菓子類コーナーが次々並びました。まあなんと賑やかな事！そのほか何がなんだかさっぱり分からないご馳走も並んでいます。正面舞台スペースには倉渕から駆けつけた舞台衣装姿のお祭り応援団がずらりと待機しています。三味線やマイクを手にして幕開けを待っている地元の人びとも皆満面笑顔です。いつもは背広ネクタイ姿の上司もこの日ばかりは浴衣と草履に角帯姿で炭火のウインナーコーナーに立って顔を火照らせています。あれっ、あの人も……、この人も……。気が付いて見ると、立ち回る人びとは顔見知りの職員方ばかり。各ホームから車椅子で見えた人びとも多く、誠の園では付き添いのスタッフ方も複数おられて、色々なご馳走を歩けない障害者方の前に並べてお世話されていました。わたしたちのテーブルには重度の障害を持つ誠の園の方たちが座っていました。同じホームでも症状によっては会話も少ないのか、その方々の話し合う光景はあまり見られず、笑顔を浮べながら運ばれるご馳走を黙々と召し上がっていらっしゃいました。夫もその一人で、皆さん同様に会話もなく満足げに運ばれる枝豆や焼き鳥、ウインナーやスイカ、アイスクリーム、水羊羹、その他ビールも一缶飲んだのです。但しビールはノンアルコールの350ccでしたが。物忘れは突出していますが食欲は旺盛ですからどんなにか満足したことでしょう。

わたしたち二人は早めにテーブルへ座りましたが、後から続々と車椅子の人や杖をたよる人たちも集まってきて、いつしか広いホールも満席になっていました。全員の着座を見届けてから司会者の短い挨拶があり、続いてホームの高齢者を取り巻いて一気に祭りの熱気が盛り上がりました。ワッショイ、ワッショイの掛け声と共にお神輿が一番乗りでホールを巡り始めました。それに合わせて座席からも各々に配られたうちわが一斉に揺れ動きました。ワッショイ！ワッショイ！ワッショイ！ワッショイ！ワッショイ！ワッショイ！……。

声を出して声援するということはこれほど楽しいものでしょうか。集まった全員満面の笑顔です。主催者と観客が一つになった親睦の喜びが生まれていました。続いて三味線に乗って懐かしい民謡が次から次へと絶え間なく歌われ始めたのです―斎太郎節―ダンチョネ節―上州よいとこ―野崎小唄―五木の子守唄―潮来花嫁さん―真室川音頭―九州炭坑節―

ソーラン節―などなど。会場は大喜びです。これらの民謡は古くから歌われていましたので百歳の高齢者にも懐かしまれる馴染みの歌だったのです。わたしは周囲の方と話しながら、それとなく高齢の方々の表情を見ていました。驚いた事に歌も終わりに近づくにつれ、今まで無表情だった数人の方々も小さく唇を動かし始めたのです。そして最後には小声で一緒に歌い出しました。見る見るうちにその顔は生き生きと笑顔に包まれてゆき、手拍子に変わりました。

倉淵民謡の会は三人が奏でる三味線の伴奏で一時間休まずぶっ通しで昔懐かしい民謡を歌ってくださったのです。最後はアンコールの拍手に包まれるなか、倉渕の人びとの提案により会場全員でソーラン節を歌ったのです。その歌声は会場を揺るがす大合唱となり、中には観客席や周りの空間を踊りまわる人たちも出て、盆踊りのような熱気に包まれたのです。全員が一体となって楽しんだホームの夏祭りは孤独になりがちな老人たちに満たされた幸せを運んでくれました。楽しい余韻に包まれて、みんなそれぞれの自室に戻ってゆきました。わたしたち二人も打ち上げ花火の音響を背にして引き揚げたのでした。

夏祭りも過ぎた桜ヶ丘三ホームでは、七月のスケジュールに組み込まれた後半の「喫茶フルールドゥセリジェー」「唱歌の会」「土用丑の日鰻重(昼食)」「お菓子レクリエーション」と続く楽しい催しも終わり、八月を迎えました。

こちらでは毎月一日にホームの全員へ「誕生祝い膳」の心尽くしをしてくださる慣わしがあり、お祝いメニューは赤飯、刺身、天ぷらなどに汁物やささやかなデザートも添えられてあり、赤飯の大好きなわたしと夫は月々の初日を楽しみにしているのですが、赤飯もさることながらこの日の刺身の新鮮で美味しかったこと！ これほど心のこもる細やかな心遣いや、在宅の頃はなかなか食べられなかった贅沢な鰻重といい、しみじみ施設がもてなしを通していたわってくださる高齢者への愛情を食卓からも感じられるのでした。

信仰に生きる命の歓び

八月へ入って早くも四日経ち、最初の日曜日を迎えました。昨日は太平洋上に発生した台風が日本列島に近づき、関東地方も天気が崩れるという予報が流れてその影響なのか榛名方面もぐずついた空模様となりました。

高崎市は八月三日から四日にかけて各町内総出の夏祭りで賑わいます

が、高崎カトリック教会は祭りのメイン通りや市民広場の近隣にあるため交通混雑が予想されて、この日わたしは榛名荘病院と隣りあう聖公教会のミサに与るつもりでした。四日は珍しく明け方から鳴きたてる蝉の声に目覚めて外を眺めると、前日の予報に反する爽やかな天気です。その青空を見た瞬間心が動きました。市内にある留守宅はすでに半年放置されたままであり、その掃除やら迎え盆の準備、墓地の掃除などのほか、十日にはカトリック群馬県平和旬間にあたり、さいたま教区の山之内司教様来高のミサと、郷田ゆきさんの「苦しみから希望へ」という外国人移住者の体験談もあると聞き、そちらへ出席したい思いもあって主日のミサは近くの教会を念頭に置いたのですが、とっさに予定を変更して高崎教会へ走りました。その訳は所属教会のミサで御聖体を拝領したい思いが強かったからです。まことにイエス・キリストの現存される御聖体への渇望に到るまでには長い年月の空白がありました。最近ようやくわたしの御聖体に対する崇敬の浅かった事に気付き、心から神にお詫びをして御聖体を尊ぶ心を中心に、新たな歩みを始めようと決意したためでした。これはわたし個人の信仰告白であり、悔悛の出発と言ってもよいでしょう。気付かせてくれたのは、わたしの不信仰から長年粗末に扱い、放置してきた一枚の写真でした。

新生会穏和の園へ移って以来、夫のために心から神に祈り縋るようになって感じるイエス・キリストの愛。その崇高な聖心からほとばしる愛の深さをもわきまえず、今までわたしはなんと浅はかな態度で聖心を仰ぎ見てきたのでしょう。反省すべきは自分本位の願いごとばかり繰り返して、頂いた恵みへの感謝を忘れる心の貧しさでした。それにもかかわらずイエス様は両手を広げて愛に燃える聖心をわたしたちにお示しくださり、神の慈しみに信頼するよう招いておられるのです。

わたしは日々出会う喜びや悲しみ、苦しみも摂理に計られる恵みだと感じるようになりました。なぜ今まで辛さに負けて艱難辛苦に含まれる恵みに気付かなかったのでしょう。わたしを目覚めさせてくれたのは御聖体のイエス様でした。その頂いた恵みを語りましょう。

日本は海に阻まれた島国という他国から孤立した幾世紀にも亘る環境の中で生まれ育った独特の風俗、文化の長い歴史があり、特に宗教は島国特有の開祖伝来の信仰が現在も受け継がれています。それによって生じる思想や人生観も各人各様ですのでわたしの信じる信仰との違和感はお赦し願いたく存じます。此処ではキリスト教の真髄である「御聖体のイエス・キリスト」の神秘に触れますので今日に至るわたしの信仰の歩みを述べて、長い年月神と共に生きてきた老いの命に息づく心をお汲み取りくださいますように。

わたしは太平洋戦争後の一九五一年に当時学んでいたカトリック系ミッションスクールで洗礼を受けています。ですからわたしの心には修道女方の薫育を受けたカトリックの信仰が現在もゆるぎなく根付いているのです。

わたしが高崎市へ越してきたのは一九七一年で、その翌年には車の運転免許を取得しています。東京在住の頃は車など必要なかったのですが、地方へ来ますと生活には欠かせない便利な乗り物なので四十歳という年齢をも省みず挑戦して取得した免許証でした。その日以来わたしの免許証にはグァダルペの聖母の御絵と、御聖体のイエスが収まる顕示台の写真、聖母のメダイなどを一緒に入れてお守りのように離さず持ち歩いておりました。この聖なる写真と御絵は二枚ともカードほどの小さなサイズで、どこで写したのか、誰に戴いたのかさえ忘れるほど昔のことですので、どちらもすっかり古びて周りが擦り切れていました。その一枚のグァダルペの聖母の御絵は後に一人の若者を神へ導いたのです。まだ童顔の残る青年は我が家の大切な一人息子でした。一九七八年八月四日、二十歳の息子が突然癌を患って前橋済生会病院へ入院したとき、個室に臥せる息子の枕辺にそっと貼り、黙々と聖母の御加護を願っていた御絵でした。入院のとき、息子は「後一ヶ月の命」と医師から告知されていました。その短い命を何としても信仰へ導いて救いたい一心でわたしが勝手にしたことです。病名が癌と分かり、後わずかの命と知ったときの夫とわたしの受けた衝撃はどれ程大きかったことでしょう。わたしは必死で本人と父親に見咎められないように目立たない小さな御絵をあえて枕元の壁に貼り、内心病人がその聖画に気づいてくれる事を願っていました。当時家族のカトリック信者はわたし一人で、他の者はキリスト教に背を向けていましたから口に出せず心で祈るしか方法がなかったのです。

数日後ふと見ると御絵の周りが少し破れていました。次の日も、またその次の日も……。徐々に広がるその破れを見てわたしは苦しむ息子が聖母マリアに縋っている事を感じました。息子はわたしの気付かない夜中にベッドから手を伸ばしてグァダルペの聖母の御絵にさわって助けを求めていたその苦しみの傷跡だったのです。わたしは神を求める息子の心に気付いて即座に高崎教会と前橋教会の神父様へ息子にキリスト教のお導きをお願いしました。当時外科病棟には入院されている前橋教会の信者さんが二人おられて神父様方が入れ替わり立ち替わり見舞いに訪れていたことが動機となって、個室の息子にも声をかけてくださるようになったのです。

入院から一ヶ月後、本人は見舞いに見えた高崎教会のヨゼフ神父様に「僕は神様の子供になりたいから洗礼をお願いします」と自ら願い、洗礼を授けて頂きました。そしてヨゼフ田端真治は頂いた数多の恵みの中で二十一歳の誕生日を周囲の方々から祝っていただき、二週間後その短い命を神の御手に委ねたのでした。

息子の手汗の付いたその大切なグァダルペの聖母の御絵はわたしの手元にありません。マリア様に抱かれた息子がその御絵に導かれて天国へお供したのでしょうか？　今にして思えば、どんなにぼろぼろになった御絵であっても亡き子の洗礼の記念として保存すべきであった、と失ってしまったことを後悔しております。

別の御聖体顕示の写真は長い年月わたしの手元にありました。写真が新しい内は大切にしていたのですが、そのうちに表面が擦れて薄汚れ、縁周りの角々も剥がれてみすぼらしくなりました。その古臭い写真を一度は捨てようと迷った事もありましたが、御聖体の写る写真であるだけにそれもできずそのまま持ち歩いておりました。見るからに貧相な写真でしたから最近までそれほど重きを置いていなかったのです。ところが間もなく予想外の変化が起きたのです。

戦後の時代は日曜ミサが終わると引き続きベネディクション（聖体降福式）が行われていました。その頃はわたしの学ぶ学園の聖堂でもマドレ方（マドレはスペイン語の旧称・現在修道女の通称はシスター）の聖務日祷と聖体礼拝が終了する午後三時にフランシスコ会の神父様が見えられて毎日ベネディクションが行われていました。その後続いてロザリオの祈りがあり、わたしはそのベネディクションとロザリオの祈りには参加しておりました。当時を振り返りますと、わたしは修道女方の導きのおかげで「聖母への崇敬」と「イエスの聖心に対する信仰」を学んだ気が致します。そしてマドレ方の敬虔な聖体礼拝を聖堂の後部席から見ておりましたので御聖体に対する畏敬の念もその頃から心に刻みこまれた気がします。心の純粋だった時代に植えつけられた信仰は長じてどのような風雨に晒されても消えることなく心の奥には残っているという事を思い巡らすとわたしの聖母への想い、聖心への想い、御聖体への想いも原点は其処から来ているのかもしれません。

わたしのみすぼらしくなった写真に写る御聖体への思いも七十年前にさかのぼっているのでしょうか。半分無感覚のようであっても捨て切れなかった原因は御聖体の尊さが心の奥に息づいていたためだと思います。

わたしは最近例の写真を取り出して自分の祭壇に飾りました。その写真に写る顕示台の祭壇は白みがかった艶のある大理石でできており、御聖櫃は金色に輝き、その前に置かれた御聖体顕示台も金なのか眩しく光っています。写真の縁は黒ずんでいますが、金色の光線が中心から周囲へ発散している神々しい写真を祭壇に置いたのですから、心も引き締まる神聖な印象を受けます。わたしはなおざりにしていた写真であるだけに躊躇もしましたが、現実の写真であることを思うと粗末にしてはいけないと反省し、自室祭壇の十字架の足許に立てかけて祈るようになったのです。その発端は朝の祈りにありました。穏和の園へ入居してからわたしは夫が眠っている早朝に起き出して朝の祈りその他の祈りを日々続けるようになりましたが最近は朝の祈りに加えて祈祷書に載っていた「霊的聖体拝領」の祈りも加えるようになりました。その数日後のことです。はっと忘れていた御聖体顕示の写真に気付いて、これからは写真に納まる御聖体のイエス様に霊的聖体拝領をお願いしようと思い立ち、免許証から出して祭壇に置いたのです。その擦り切れたぼろい写真を手にしたとき、初めて自分の愚かさを悔やみました。

「ああ、十字架に架けられたイエス様が御聖体の中にいらっしゃる！お許しください、こんなに粗末にして……」と、涙ながらにお詫びを申し上げたのです。

わたしはその古びた写真だけは不熱心な良心の呵責もあって捨てる事ができなかったのでした。長年態のいいお守り程度の感覚だったのですから、たとえ写真であっても大変な失礼をしていた訳です。ところが祈りのまなざしをこれからは顕示されたイエス様に向けようと思い、その写真を取り出して手に載せたときは泣きました。それは長年の失礼をイエス様にお詫びする懺悔の涙でした。

ホームへ入居のとき、わたしは施設の長上方から夫婦の別室をお奨めいただきました。皆様は進む認知症の大変さを知り尽くしておられるからで、わたしを気遣ってくださる思いやりのご配慮だったのです。そのおかげでわたしには誰からも妨げられない私的な時間が持てるようになり、朝三時半になると自動的に眼が覚め、静けさの中で一時間ほど祈る喜びに浸るゆとりができたのです。わたしにとって神と対座する祈りこそ心の休まる憩いのひとときとなっているのです。その誘因はわたしが夫の部屋とわたしの部屋に心を込めて祭壇を設えたことにあり、それが今も尚言葉に尽くせない喜びとなって自然にわたしの心を天に向かわせているのです。そして御聖体の写真がわたしの祭壇に置かれてからは祈れることとの喜びが感謝の喜びに変わりました。不思議な事にあのぼろぼろの写真が背後の御聖櫃の輝きを受けて金色に光る崇高な御聖体顕示の写真に様変わりしているのです。

これほど威光を放つ変容振りには驚くばかりで、顕示台の中の白い御聖体に心が奪われてその前に立つ度感動の涙で眼が潤むようになりました。

たとえ写真であっても十字架に架けられたイエス様が御聖体のうちにま

しますと思うと、自然に頭が下がり、神の救いの計り知れない神秘と、尽きない慈しみに、わたしのすべてを捧げて感謝するばかりです。御聖体はわたしの命であり、全人類を救われる神がおわします尊い神殿なのです。わたしはかつて軽んじたこの一枚の写真から御聖体への信仰を改めて教えなおされました。この奇跡的なお恵みを生涯失わないように祈り続けたいと思います。

第六章　秋田への巡礼

—悲しみの聖母を訪ねて—

出発を前にして

二〇一九年九月一四日、わたしは夜明け前の午前二時三十分に目覚めて秋田へ向かう準備を始めました。外は深閑とした闇に閉ざされています。長年待ち続けた秋田への巡礼……、ようやくその日がやって来ました。なんと嬉しい朝でしょう。夫と二人手を取りあって老人ホームマチュア穏和の園に入居してからは、秋田への旅はもう無理と諦めていたのですが、長年の思いが詰まる悲しみの聖母巡礼を願う思いは断ち切れず、一縷の望みを祈りに縋っていました。その願いが現実味を帯びてきたのは、『母であるわたしがここに居るではありませんか』の著述も終わりに近づき、第五章に入ったときでした。わたしは「今、秋田に御出現された聖母マリアの事実を書かなければもう二度と書けなくなってしまう！　聖母マリアが多くの人たちに望まれたお言葉をなんとしても伝えたい！」との思いが熱く胸に込み上げてきたのです。それはマリア様も望まれていらっしゃるように思えてならなかったからです。わたしは九月十四日から十五日にかけて秋田の祈りの記念行事に参加する事を決意し、施設の長上に秋田へ行く一泊二日の外泊許可を頂き、夫の世話をスタッフ方にお願いしたのです。

わたしには出かけるはっきりした目的がありました。それは二日間の祈りに参加して、その尊い祈りの光景と、家族が以前出会った秋田の奇跡と、さまざまの思い出を体験者の立場から書き遺して多くの人びとに伝えることでした。特に悲しまれる聖母マリアのメッセージは人類の母としての悲痛さが深刻に伝わってくる事から、本来ならば深い学識と、思慮深さを兼ね備える聖職者方のなさる事であって、路傍の雑草に過ぎないわたしなどの出る幕ではないのですが、わたしは秋田の聖母が一向に世に知られる様子もなく、教会の信仰上の事として個人的な信心に任せられている現状を悲しく思っておりました。もうこれ以上無風状態のまま、尊い天のお声が人びとに伝わらない事は耐えがたく、社会から相手にもされない価値の無い老人の繰り言として受け流されても構わない、一人でも耳を貸してくださる方があるならば、先行き短い老いの叫びとして真実を書かせていただこう、と非難を覚悟の上で決意しました。

日本で数十年前に起こった秋田の聖母像に関わる未曾有の出来事が、未だに発生国である多くの日本人に知られないまま無関心裏に埋もれてしまってもよいのでしょうか？　人心の流れのままに手をこまねいている事は、恵みの与え主である神の御摂理を軽んじる事にはならないでしょうか？　日本の奥地、秋田という素朴な地を選ばれて聖母マリアは現代への厳しいメッセージを携えて天から下り、最も貧しい小さな山の修道院の木彫りの聖母像にそのお悲しみあふれる御自身の御涙とメッセージを託され、重い病身のS修道女に妙なるお声で語られているのです。その秋田と深くかかわりのあった夫も今は老いによる病状悪化のためホームに残り、わたしは一人杖に縋りながら固い決意のもとに悲しみの聖母を訪ねる巡礼に旅立つ朝を迎えました。わたしの余生も終わりに近づく年齢に達している事と思い合わせ、今回の旅は第五章の後にこの第六章をわたしの最後の記録として加えることにしたのです。

長年待ち望んできた二〇一九年九月十四日の「十字架称賛の記念日」と、翌十五日の「秋田の聖母の日」の両行事に参加できた喜びは大きく、ホームのスタッフ方からも「ご主人はわたしたちが見守りますから安心して秋田へ行っていらっしゃい」と、温かいお言葉を頂いて、居残る夫への一抹の不安を残しながら秋田へ向かうことができました。

前日まで背中と腹部の圧迫痛と下半身のバランスの取れない歩行困難もありましたが、「どうぞ無事に行かせてください」と祈り続けていたところ、朝二時半に目覚めたとき、いつもだと起き上がるとき、背中の痛みでスムーズに上半身が動けないのですが、この朝は不思議と何の痛みも無く自然に体を起こせたのです。あっ、この調子なら大丈夫、と喜び勇んでリュックやバックの再点検をすませ、朝の祈り、簡単な食事などを済ませてそっと四時過ぎに室を出ました。デイルームステーションで夜勤のスタッフに「これから出かけますので夫をよろしくお願いします。昨夜は夫の不始末は大丈夫だったでしょうか？」といつもの様子伺いを繰り返すと、「やられました」と優しく苦笑い。「やっぱり……、ごめんなさい、いつもご迷惑ばかりお掛けして」と毎度のお詫び。

「大丈夫、心配しないで行っていらっしゃい」と励まされ、勇気付けられた旅立ちでありながら、夫の病状を気遣う不安は最後まで残り、隣に姿はなくとも祈りの中で巡礼の旅路を同行しよう、と心を慰めました。スタッフ方に夫を託して乗ろうとしたエレベーター前には、新しいススキと見事に盛られた月見団子。あれっ、九月十三日は中秋の名月だったの！その暦すら忘れていた無関心ぶりに我ながらあきれる出発となりました。

真っ暗な下り坂を走る車の運転はさすがに怖く、対向車の無いことをよいことに、ヘッドライトは遠目のまま四十キロのスピードで注意深く走り続けました。そのうち前方に連なる山の峰々にほんのり朝焼けが差し始めました。わたしは次第に広がる錦のような光の美しさを眺めて「ほら見てご覧！あなたが木曾の御嶽山で見た御来光みたいに綺麗でしょ！」と呟やく独り言。登山者たちの歓喜する御来光とは、多分このように綾なす色と光りを放って昇り始める太陽の輝きを言うのでしょうか。目前に見える雲の輝きに目を細め、始めて夫と二人で東北道を徹夜で走り、早朝十和田湖へ着いたときの美しい朝焼けの空を思い浮かべました。あれは秋田へ行く回り道で、能代を通り、男鹿半島を抜けて湯沢台の聖体奉仕会を訪問するときでした。当時修道院付き指導司祭として聖体奉仕会に住んで居られた安田貞治神父様は、この能代の原木市場へ夫を伴い、秋田杉原木を大量に買ってトラックへ積み込ませ、秋田の仕事を頼んだ夫に持ち帰らせたのです。その貴重な柾目の通った赤みの素晴らしい原木は安田神父様のご指示に従って聖マリアの家や籾倉書院その他新修道院、新聖堂の建具などのほか、さまざまの作品を作らせていただく事になった夫の心に残る能代であり、しばしば神父様と一緒に釣りのお供をした懐かしい男鹿半島でした。昭和から平成にかけて大変お世話になった安田貞治神父様を偲び、夫はどんなにか湯沢台の聖母をお訪ねしたかったことでしょう。今は幼子のように無邪気になった夫。湯沢台での思い出は、夫にとって忘れられない宝なのです。天国から神父様も末永く見守っていてくださる気がします。神父様は秋田を離れるとき、夫におっしゃってくださいました。―何時までも付き合ってください―と。そのお言葉が最後になりました。その後、心でお慕いしながらわたしたちは長らく神父様とお会いしていないのです。大変なご苦労をされた神父様、そのご生涯はマリア様と共に生きられ、秋田の聖母御出現の事実を叫び続けられた苦しみの歩みだったのです。安田神父様、わたしたちは今、秋田のマリア様をご訪問します。

旅の車中にて

高崎駅に着くと、平素満車の三階構内駐車場は日曜日の早朝であるためか、珍しくがら空きだったので新幹線通路最寄りの障害者マークに車を止め、ルンルン気分で改札口へ向かいました。ところがその連絡路が見当りません。いつもと勝手が違うので通りがかりの人に尋ねると、その通路と改札口は六時にならないとシャッターが開かないとのこと。わたしは一人旅での長距離列車利用の経験が無いので始発終発に合わせてシャッターも上下している事を知りませんでした。齢をとって杖に支えられながらの一人旅は時間のゆとりを持たなければ……と過剰なほど用心深くなり、何も知らず早く来て一時間近く閉まったシャッターの前で待ちぼうけという思わぬ羽目に遭ってしまいました。その上、リュックと手荷物を足元に置いたとたん、がっくり気落ちしてしまいました。なんという情けない失敗！　わたしは自室を出るとき先に電灯を消して靴を履いたものですから外出用の靴と汚れた泥靴を間違えて履いてきてしまったのです。その靴はホームに居るときでさえ人目をはばかるほどみすぼらしく、捨てるためにドア脇に置いたものだったのです。そんな事とは露知らず駅に着いたのですからルンルン気分どころか、出鼻をくじかれた恥ずかしさにがっくりして背負ったリュックや手さげまで急に重く感じてしまいました。長時間シャッター前に立ち尽くしたために不自由な足はふらふら、くの字に曲がった背骨には、よいショッと、リュックを背負おう力すら落ちてよたよたする始末。結局後ろで見かねた男性の手助けを頂く羽目になってしまいました。秋田聖体奉仕会の聖堂では、九月十四、十五日と続く二日間の祈りの行事に日本各地から服装を整えて集う方々が大勢いらっしゃるのです。それに大司教様や神父様方、シスター方もいらっしゃる事を思うと、心中冷や汗が出るほど恥ずかしい事でした。身だしなみの恥にこだわる愚かなわたしには、まだまだ謙遜が遠いようです。

　待ちあぐねた末、ようやく乗車した新幹線「たにがわ」は大宮で秋田行き「こまち一号」に乗り換えるのですが、乗り換え時間はたった七分。エスカレーターは杖と手荷物で危ないため、エレベーターを捜して乗りましたが降りたとき、丁度「こまち号」がホームに滑り込んで、間一髪という際どさで間に合いました。ほっとして指定席を捜しながらよたよた車両を移り進み、親切な乗客に見つけていただいて席に座りました。朝食の残りアンパン一個と冷たい「おーいお茶」一本、皮をむいた薄切りの梨半分を取り出し、隣席の女性にも勧めてわずかな量を分け合って食べた昼食……。なんともお粗末ですが、みすぼらしい泥靴のおばあさんではお隣さんも可愛そうに思って断れなかったのでしょう、「有難うございます、美味しいですね」といたわる笑顔を向けてくれました。互いの笑顔がきっかけとなり、その女性は仙台で降りるまでわたしの話し相手になってくれました。

一人になって窓辺に寄り、車窓から眺める風景は住宅地が密集して延々と広がり、どこまで続くのかと驚くほど広大な市であることに驚きました。さすがは百万都市と呼ばれるだけあって、藩主、伊達政宗公時代の隆盛がうかがえるようでした。—間もなく仙台も過ぎ、空席を独り占めしてくつろぐわたしはロザリオを取り出し、誰はばかる事なく祈りながら秋田到着を心待ちしました。盛岡から分かれて雫石、田沢湖、角館と走り抜け、終着駅まで二時間の余裕があったので、まだ読んでいない二通のお手紙を取り出しました。これには弁解の仕様も無い訳があったのです。

わたしは出発の前、秋田の事実について詳細な記録を残された安田神父様の著書と、秋田のマリア様に篤い崇敬をお持ちで、その事実をお書きになられた志村神父様の著書を参考にしたいと思い、書棚から取り出したところ、その二冊の中から思いがけないわたし宛のお手紙が折りたたんで挟まれているのを発見し、気も動転するほど驚いて、ページを開くどころか、申し訳なさでお手紙すら読めず、そのままバックに入れて自室を出たのでした。数十年もの間、そのお手紙は著者の神父様方が贈ってくださった本に挟まれたまま、読まれず眠っていたのでした。どんなに悔いても、すでにお二方は天国へ旅立たれた後の祭りとなってしまいました。わたしがお礼も申し上げないうちに書棚へ入れたのが間違いで、そのまま数十年忘れてしまったためでした。わたしには「忘れた」では済まない良心の呵責があり、天国にいらっしゃる神父様方へこの手記を通じてお詫び申し上げると共に、拙い著を万感込めてお二人の神父様に捧げたいと思います。安田神父様、志村神父様、愚かなわたしの過ちをお許しください。

安田神父様は秋田のマリア様についての事実を立証されるために生涯を

捧げて、渦巻く反発や世評にも負けず、母であるマリア様のお悲しみを世に訴え続けられました。「秋田の聖母マリア」に関する証しは安田神父様に並ぶ人はいないほど全生涯を賭けた命の結晶でした。唯一の証人である神父様の遺言となった秋田の聖母マリアを証しする遺作、「奇跡と涙」の重要な箇所をこの書中にそのまま移させていただき、多くの人びとに伝えたいと思います。そうさせていただくことは、わたしのできる安田神父様へのご恩返しであり、恵みに与かった者の、務めだと思います。

神父様はお手紙の中で、そのことをわたしにお許しくださっておられることを知り、ますます感涙いたしました。安田神父様、そして『涙を流す聖母像・この事実を何と見る』を書かれた志村神父様、有難うございます。わたしが秋田の事実を今伝えなければ一生の悔いになる、との決意を固めて立ち上がったとき、時を同じくして計らず見つかった神父様方のお手紙！　これを天のお計らいといわずして何を申せましょうか！　この章は、まだ秋田へ着かないうちに、天の御父と聖母マリアがくださる慈しみの賛歌となってしまいました。

尚、予想もしなかった手記をこの章に挿入しますことを、読者の皆様に心よりお詫び申し上げると共に、恵みとなった亡き神父様方のお手紙をご紹介させていただきます。

安田神父様、そして『涙を流す聖母像・この事実を何と見る』を書かれた志村神父様、有難うございます。

【手紙】　安田貞治神父様のお便り

†主の平安

お手紙と印刷物を頂きまして読ませていただきました。今度、手記が本になる事は喜んでおります。わたしの文を引用することは差し支えありませんから喜んでください。わたしが一緒に旅行できたことは、今も想い出して喜んでおります。立山黒部の思い出は今もありありと思い浮かべております。わたしも数え年九十歳になりましたが千葉の笹川さんたちのところに行って毎月のように御ミサを捧げております。ご主人にもよろしく伝えてください。祈っております。拙著「奇跡と涙」を送ります。

安田神父

三月八日

田端美恵子　様

【手紙】　志村辰弥神父様のお便り

†主の平安

懐かしいお便りを有難うございました。あなたの長いご苦労が報いられて、ご主人が信者になり、一家揃って信仰生活に励んでおられることをうかがい、本当に感謝です。神様は不思議なおはからいで、すべての人が救われるように導いてくださいます。殊に、マリア様にお取次ぎを願うものには、必ず良いお恵みがあります。

「ろざりよ」をも楽しく読ませていただきました。

九月八日のバースデー・プレゼントのロザリオ会には喜んで参加させていただきます。また知人にもおすすめしたいと思いますので、スタニ神父様のリーフレットをあと十枚ぐらいお送りくださいませんでしょうか。

わたしたちは数年前から、司祭のマリア運動というのを始めております。これは司祭の成聖を祈ると共に、ファチマのマリア様によって啓示された今世紀の終わりの危機を、何とかして軽く過ごせるように、またできるだけ多くの人が回心の恵みを頂けるように祈る会です。参考のために「聖母から司祭へ」をお送りしますからご覧ください。そして、ご賛成頂ければ、巻末にある（四〇九頁）「聖マリアの汚れなき御心への奉献の祈り」をとなえてください。

同封の写真は、昨年九月京都で開かれた本会の大会の司祭だけの記念写真です。新潟教区の伊藤司教様が保護者として、わたしたちを助けてくださっています。司教様は、湯沢台の聖母の奇跡に対して特別な関心を持っておられ、奇跡の調査をローマ聖庁に願っておられます。

わたしはこれから、夏休みの為に、新潟の妙高高原の山荘に参り今月一杯あちらで過ごす積もりです。今月中のお手紙は山荘宛にしてください。

ではお元気で。

志村辰弥

八月八日

田端美恵子様

【手紙】　天国の安田神父様と志村神父様へ

「天国にいらっしゃる安田貞治神父様、志村辰弥神父様、わたしが忘れていた大変な失礼をお許しくださいませ。そしてお二人の神父様にわたしへの哀れみと、これから書こうとする秋田の悲しみの聖母の事実を正しく伝える事ができますように天国からお祈りと、お導きをお願い申し上げます。わたしは今、秋田へ向かう新幹線、こまち号の中で神父様お二方のお手紙を開きました。そして車中で泣きながら読んでいます。この頂いた古いお手紙と、お二人の神父様がくださったときの新書『奇跡と涙』（安田貞治神父著、一九九二年九月十五日・悲しみの聖母の記念日発行）と『秋田の聖母像・この事実を何とみる』（志村辰弥神父著一九七八年十月十六日発行）の中に両神父様が証言される秋田の聖母の記録を、わたしの浅はかな言葉ではなく、事実の証言として正しく伝えるために、『母であるわたしがここに居るではありませんか』の書中に引用させていただくことをお許しください。天国から日本の秋田へ御出くださったマリア様が木彫りの御像を通して大量にお悲しみの涙を流された事実と、今の世を御心配されるメッセージのあったことを、ほとんどの一般日本人は知らないのです。神父様お二人のお手紙と、ご本を紹介させていただきます。わたしは先日、自室に十字架の道行きを一人で祈るために作りました。これからはイエス様の御受難に合わせてわたしの日々を御捧げ致します。失礼をお許しください」

二〇一九年　九月一四日

田端美恵子

新幹線「こまち一号」はわたしの辛い思いを載せて山間を秋田へ向かっ

て走り続けていました。列車は横手で車両の向きを変え、座席は前向きから後ろ向きになったまま秋田へ走っていました。あれっ、と奇異な感じでしたが、そのうちに目も慣れて、山が遠のいた平坦地になると、いつも夫と眺めながら走った秋田市郊外の景色が見えてきました。広がる黄金色の稲穂は、名産・秋田こまちでしょうか。まだ九月なのに東北地方はもう実りの秋を迎えているようです。夫は仕事で秋田へ行った帰り、度々秋田市内の農協へ寄って新米の秋田こまちと、清酒・高清水を買って帰りました。小粒ながら甘味のある秋田こまちは今もこだわる好きなお米です。

秋田では神父様に市内の杉の屋で新米の温かなきりたんぽ鍋をご馳走になったことや、神父様の汗の結晶であるマリア庭園の清流に鮎を放流されていとおしまれる作業衣姿の素朴なお姿が偲ばれます。安田神父様は祈りの人であり、祈りのかたわら剪定ばさみを携えて汗まみれになりながら、いつも庭園の樹木を手入れされていらっしゃる労働の神父様でもあったのです。心からマリア様を敬い、愛しておられたその不動の信念は岩のように固く、どのような風評、無言の圧力、迫害にも屈しない強さをお持ちで、その力は神様から頂いていたのだと思います。神父様は生涯に亘って「秋田の聖母マリア」の事実を訴え続け、擁護されてこられました。その曲げない真実のためにどれほどつらい苦しみを背負われていらっしゃったことでしょう。当時、奇跡を信じない渦巻く風評の中で夫と出会われました。夫はカトリック信者になったばかりで、洗礼の代父、前橋市の荻野亀松様に誘われて秋田湯沢台のマリア様を訪問したその夜、とめどなく涙を流される木彫りのマリア様を目撃したのです。その驚きは大きく、それからは神の実在とマリア様の実在を身に沁みて感じたのでしょう。その事実である聖母の涙との出会いが動機となって、安田神父様との交流が始まり、お導きを頂くようになりました。マリア様が仲立ちとなったような出会いでした。そのお涙が神父様と夫を結ぶ長年の絆となったのです。

夫は申しておりました。車で神父様と二人で遠路を走っているとき、「わたしがまだ告解の仕方もわからないでその事を話してどうしたらよいか伺ったとき、神父様は―自然のままでいいです。あなたが感じるお詫びを神様に言うのです―とおっしゃって、車の中で告解を聞いてくださり、罪の許しをくださった……、車の中で神父様はわたしの隣でいつも声を出してロザリオを祈っていました。毎日ロザリオを、六環祈っているそうです」と。

当時、秋田で木彫りの聖母像の奇跡に関わる出来事に立会われてその都度正確な記録を付けておられた神父様に対する喧々ごうごうの風評の中で、神父様は夫と出会ったのです。心から神父様を尊敬し、お慕いする純朴一途な田舎職人に、ほっとした何らかの安らぎを感じたのかも知れません。まだ関越自動車道が開通しない頃、夫は旧道の三国峠を幾度となく通い、日本海沿いの国道七号線を湯沢台へ再々往復しておりました。仕事のためでしたが、ほとんど往復徹夜での運転が多かったのです。夫はわたしによく、「秋田に居ると天国に居るようだ」と、その喜びを話してくれました。朝五時に起きて聖堂へ行き、シスター方の祈りに合わせて朝の聖務日祷、ロザリオの祈り、御ミサに与った後、昼は昼食前に十五分の祈り。夕方五時半からのロザリオの祈りにも仕事を終わらせて参加していたのです。湯沢台で過ごす日々は俗世間から離れた祈りの中で作業に集中していたらしく、「秋田に居るときは天国のようだった」と言ったのもあながち嘘ではなく、神様と聖母マリア様に心が向いていた喜びがあったからなのでしょう。その一途さを神父様は見抜かれていらっしゃったのだと思います。

　新幹線こまち号は十四日午前十一時前に秋田に着きました。さまざまの想いと涙に濡れた車中の一人旅も此処で下車。うろうろ出口を捜していると、駅ビルのお土産売り場に出ました。ふと、帰りは時間にゆとりが無いことを思い、多少なりともホームの皆様方へ土産を……と思い、秋田名物「焦がしもろこし」とやらを買って宅急便で送った後、ようやくタクシーで聖体奉仕会の聖堂に着きました。駅でうろうろしていたために昼食抜きで、宿泊先のホテルの夕食で空腹を満たす事にしました。あれほど気づかっていた破れ靴の事は、見知らない大勢の巡礼客に紛れて忘れていました。こちらは神聖な祈りの聖地です。残念だったのは、うろうろ駅で時間をつぶした為、真っ先に聖堂で祈り、マリア様とヨゼフ様に御挨拶する予定の目的は時間がなくて果たせなかったことでした。とにかく重いリュックを下ろさなければ、と空いている休憩所を訪ねましたが、昔、鶏小屋だった土間にいくらかの空きがあっただけで、他はふさがっていました。各地からいらっしゃった皆様で混雑していましたが、さすがに「秋田の聖母の記念日」に遠路を押して集まった皆様。どなたもにこにこ嬉しそうな笑顔で知らない者同士語り合っていました。嬉しかったのは、その休憩室にいらっしゃった方々が各自の県や地名と、所属教会を紹介しあっていたとき、わたしも聞かれて群馬県高崎市と告げると、その中の一人が、高崎のこういう人を知りませんか？と、ショルダーバックから数年前に出版された聖母文庫『八十路の春』を取り出したのです。言おうか、言うまいか、と一瞬迷いましたが、自著をバックに入れて持っていてくださった事が嬉しく、「わたしです」と答えると、「ええっ！」と、其処に居合わせた方々がざわめきました。皆さんは読んでいたらしく、その文庫本を知っている様子でした。本を持たれていた方からサインを望まれて仕方なく書いたものの、片手のバックが邪魔をして曲がった醜い署名になってしまいました。名の知れた著者でもない、たかがしれた路傍の雑草に過ぎない者が一人前の顔をするから恥さらしになるのです。年齢をわきまえ、すべてにおいて謙虚でなければと、苦い恥を教訓にしました。

九月十四日の午後一時三十分から十字架称賛の記念式が新聖堂で始まりました。わたしはその日初めて聖堂に跪きました。そして御聖櫃のイエス様にご挨拶をしてから十字架を背負う木彫りのマリア様の御前に感謝の祈りを捧げました。

マリア様の御像は年数が経ったせいか、全体の木肌がいくらか暗く沈み、お顔はわたしの記憶より御やつれになっておられる感じがしました。どちらの国の団体でしょうか、肩に同じマークの付いたスカーフをかけ、聖母像の最前席に跪いて祈っていました。静かに祈る姿から、この方々の醸し出す聖母への愛が手に取るように感じられました。もしかすると、遠方のカトリック国から日本へ来られた団体でしょうか？　マリア様の最前列席を確保するには相当早くから来られたのでしょう。外国人の抱く聖母への敬愛を、多くの日本人も学んでいただきたいようです。わたしは足が不自由なので後ろへ着席しました。以前のままマリア様が手を差し伸べてお立ちになるお姿に胸が詰まりました。夫がこの場に居たならどんなに泣くでしょう。以前マリア像の御前に座って涙を拝したとき、身を震わせてひれ伏し泣いたのです。キリスト教に入信したばかりの『六月十二日』の感動をどうして忘れる事ができましょう。その夜、マリア像は夫の目前で人間の涙と同じように、まなざしから大量の涙を流されたのです。その涙は頬を伝い、胸から足元まで流れ落ちた、と家に帰ってから話してくれました。「お父さん、マリア様の御像は以前のまま桐のお堂からあなたを見守り、御手を差し伸べていらっしゃいます。ヨゼフ様が御立ちになられる欅台も昔のまま、御像に相応しく、捧げられたお花とともに綺麗でしたよ」と、心の中で夫に報告しました。そして夫がその材は立派だと褒めた秋田杉柾目の丈なす一枚板戸を眺めました。年数は経っていても、気品のある見事な杉の板戸です。さすがに安田神父様がお選びになった銘木だけあって、この板戸は素晴らしい！と、素人ながらその価値が分かる気がしました。夫は作りながら、「この杉板はすごい、どこを捜してもこれだけの材質はめったにあるものではない」と感嘆していたのです。木彫りのヨゼフ様にふさわしい板戸だと、わたしもしっとりと落ち着いた趣に打たれました。「マリア様、ここまで来られた事を感謝します――」と、聖堂に映る夫の面影を偲び、無量の感慨に包まれました。

彷彿とよみがえる思い出の秋田。悲しみのマリア様と、其処に住まわれるシスター方、亡き安田神父様、聖堂、修道院、その一帯の光景は懐かしく、心の濡れる二日間となってしまいました。

山の清浄な空気と静けさのなかで、今、わたしは伝えられる秋田の聖母のお言葉を、故安田神父様の記録をもとに語らせていただく決心を致しました。

「安田貞治神父様、わたしに天国から勇気を送ってください！　神父様の記録された真実を伝えさせてください！　神父様がお手紙で『わたしの文を引用することは差し支えありませんから喜んでください』と書き遺してくださったお言葉に支えられて、知られていない秋田のマリア様のお言葉を必死の思いで書かせていただきます。」

「天国に居られるマリア様、かつてマリア様が御像を通しておっしゃられた悲痛なお言葉を、真実を知らない人びとにも伝えさせていただくことをお許しください。今、マリア様のお傍で、書かせていただきます。」

最初のお告げ　昭和四十八年（一九七三年）七月五日、木曜日
（病気の聖体奉仕会修道女Ｓが聖堂に居るときのお言葉）

……略……　突然、木彫りのマリア様が生気を帯びて、何か話しかけられるような気がしました。見ると御像は、目もくらむほどの光りに包まれています。

思わずその場にひれ伏した瞬間、極みなく美しい声が、わたしの全聾の耳に響いてきました。

「わたしの娘よ、わたしの修練女よ。すべてを捨てて、よく従ってくれました。耳の不自由は苦しいですか。きっと治りますよ。忍耐してください。最後の試練ですよ。手の傷は痛みますか。人びとの償いの為に祈ってください。ここの一人一人が、わたしのかけがえのない娘です。聖体奉仕会の祈りを心して祈っていますか。さあ、一緒に唱えましょう。」

唱え終えたところで、美しいお声はまた仰せになりました。

「教皇、司教、司祭の為にたくさん祈ってください。あなたは、洗礼を受けてから今日まで、教皇、司教、司祭の為に祈りを忘れないで、よく唱えてくれましたね。これからもたくさん、たくさん唱えてください。今日のことをあなたの長上に話して、長上のおっしゃるままに従ってください。あなたの長上は、いま熱心に祈りを求めていますよ……。

お言葉が終わり、一息の間をおいて、今度は傍の天使が「すべての民の母の祈り」を始められたので、わたしもすぐ「御父の御子なる主イエズス・キリストよ……」と声を合わせました。この祈りも唱え終わって、沈黙と同時にそっと頭をもたげてみると、すべての輝きはもう消えうせていました。

第二のお告げ　七月二十八日、土曜日

九時過ぎ、姉妹Sは司教の部屋に呼ばれた。その後変わったことはなかったか、と問われ、昨日の午後の出来事を報告した。聖堂で祈るうち、守護の天使の声を聞いたこと、その言葉通り手の痛みが消えうせたこと、を詳しく述べた。聖母像の御手にまた出血があったことも、お目にかけそこねた失態をお詫びしつつ、申し上げた。……略……

一九七三年八月三日、初金曜日。それから一週間たった。……略……午後二時過ぎからシスターSが祈っていると、マリア様の御像のほうからえも言われぬ美しい声が聞こえてきました。

「わたしの娘よ、わたしの修練女よ、主を愛し奉っていますか。主をお愛しするなら、わたしの話を聞きなさい。

これは大事なことです。そしてあなたの長上に告げなさい。

世の多くの人びとは、主を悲しませております。わたしは主を慰める者を望んでおります。天の御父のお怒りをやわらげるために、罪人や忘恩者に代わって苦しみ、貧しさをもってこれを償う霊魂を望んでおります。

御父がこの世に対して怒りたもうておられることを知らせるために、御父は全人類の上に、大いなる罰を下そうとしておられます。御子とともに、何度もそのお怒りをやわらげるよう務めました。御子の十字架の苦しみ、御血を示して、御父をお慰めする至愛なる霊魂、その犠牲者となる集まりを捧げて、お引きとめしてきました。

祈り、苦行、貧しさ、勇気ある犠牲的行為は、御父のお怒りをやわらげることができます。あなたの会にも、わたしはそれを望んでいます。貧しさを尊び、貧しさの中にあって、多くの人びとの忘恩、侮辱の償いのために、回心して祈ってください。各自の能力、持ち場を大切にして、そのすべてをもって捧げるように。

在俗であっても祈りが必要です。もはやすでに、祈ろうとする霊魂が集められております。かたちにこだわらず、熱心をもってひたすら聖主をお慰めするために祈ってください。」

（ちょっと間をおいて）

「あなたが心のなかで思っていることは、まことか？　まことに捨て石になる覚悟がありますか。主の浄配になろうとしているわたしの修練女よ。花嫁がその花婿にふさわしい者となるために三つの釘で十字架に付けられる心を持って誓願を立てなさい。清貧、貞潔、従順の三つの釘です、その中でも基は従順です。

全き服従を持って、あなたの長上に従いなさい。あなたの長上は、良き理解者になって、導いてくれるでしょうから。」

それは、全く、言いようもなく美しい、

天よりのものとしか思えないお声でした。

第三のお告げ　十月三日、土曜日

いつものように、朝の聖務が終わり、つづいて聖体拝領が始まった。ロザリオの祈りを唱えるうちにシスターSの目にまた「御聖体の威光の輝き」が現れた。それは聖櫃から発して、聖堂いっぱいに広がってゆくようであった。同時にマリア像からあの妙なる芳香が、すべてを包み込むように、漂ってきた。陶酔のうちに祈りの時間はたちまち過ぎ去り、名残惜しくも聖堂を後にする朝食の時間となった。

食後、修室に退いたが、まだ心は上の空で、仕事も手につかぬ有様であった。やがて、姉妹たちが外出するため、留守番をおおせつかったのを幸い、さっそく聖堂に行き、一人でロザリオを唱えることにした。

ここからまた、彼女自身の報告を見る事にしたい。

ロザリオを取り出して跪き、まず十字の印をしました。が、その終わるか終わらぬうちに、マリア様の御像のほうから、あのえも言えぬ美しいお声が、わたしの聞こえない耳にひびいてきたのです。最初のお呼びかけを聞いたとたん、わたしはハッとひれ伏し、全身を耳にして聞き入りました。

「愛するわたしの娘よ、これからわたしの話すことをよく聞きなさい。

そして、あなたの長上に告げなさい。

（少し間をおいて）

前にも伝えたように、もし人びとが悔い改めないなら、御父は、全人類の上に大いなる罰を下そうとしておられます。その時御父は、大洪水よりも重い今までにない罰を下されるに違いありません。火が天から下り、その災いによって人類の多くの人びとが、死ぬでしょう。良い人も悪い人と共に、司祭も信者とともに死ぬでしょう。生き残った人びとには死んだ人びとを羨むほどの苦難があるでしょう。そのときわたしたちに残る武器は、ロザリオと、御子の残された印だけです。毎日ロザリオの祈りを唱えてください。ロザリオの祈りをもって、司教、司祭のために祈ってください。

悪魔の働きが、教会の中にまで入り込み、カルジナルはカルジナルに、司教は司教に、対立するでしょう。わたしを敬う司祭は、同僚から軽蔑され、攻撃されるでしょう。祭壇や教会があらされて、教会は妥協するもので一杯になり、悪魔の誘惑によって、多くの司祭、修道者が辞めるでしょう。

特に悪魔は、御父に捧げられた霊魂に働きかけております。たくさんの霊魂が失われることがわたしの悲しみです。これ以上罪が続くなら、もはや罪のゆるしは無くなるでしょう。

勇気をもって、あなたの長上に告げてください。あなたの長上は、祈りと贖罪の業に励まねばならないことを、一人ひとりに伝えて、熱心に祈ることを命じるでしょうから。」

ここでちょとお言葉が切れたので、そっと顔を上げてみると、聖母の御像はやはり光り輝いていて、御顔はいくらか悲しげに見えました。略……

「まだ何かありますか。あなたに声を出して伝えるのは今日が最後ですよ。これからはあなたに遣わされている者とあなたの長上に従いなさい。ロザリオの祈りをたくさん唱えてください。迫っている災難から助けることができるのは、わたしだけです。わたしにより縋る者は、助けられるでしょう」とお言葉がありました。

今度はもう緊張のあまり口がこわばってしまい「はい」とお答えするのが精一杯で、ひたすらひれ伏していました。

安田貞治著「秋田の聖母マリア」より

二〇一九年九月十四日から十五日にかけて行われた『秋田の聖母の日』

の記念日は心配された天候も難なく穏やかでした。

粛々と行われた行事に与ったひととき、ひとときを省みると、沈黙裏の内省には偽らざる自分の姿が見えて数々の教訓を頂きました。わたしは静けさの漂う聖堂に跪いて、見上げる木彫りの聖母像に、どことなく寂しそうな影を感じました。この湯沢台の地で、その奇跡の御涙をわたしたちの前で流された聖母の御心はどれほど悲しく、辛さを耐えておられることでしょう。わたしは秋田の聖母マリアが流された御涙は言葉にあらわせられないほどの悲しみを秘めて居られるのではないかと思いました。

秋田で告げられたマリア様のメッセージは、ロザリオの祈りを強く望まれていらっしゃることです。ロザリオの祈りによって、多くの霊魂が救われることを。また、人間の犯す罪の罰が、ロザリオの祈りによって緩和される事もありうることを語られています。しんと静まりかえる祈りのなかで、わたしはこの地が聖母御出現にふさわしい地として、神に選ばれた清らかな環境を感じました。

しっとりとした落ち着きのある和風聖堂は、木彫りのマリア像と、木彫りのヨゼフ像にふさわしい祈りに満ちていることを感じます。わたしが終の棲家として老人ホームを選ぶとき、交通や生活の不便はあっても、美しい自然の環境を好んで入居を決意したように、また、過日わたしと同じホームに入居された高齢のご婦人が「わたしは祈るために、身内の反対を押し切ってここに来たのです」とわたしに語られた言葉を思い出し、天におられるマリア様も素朴で清らかな湯沢台を愛されてこの地に立たれ、悲しみの涙を流されながら乱れた世を憂い、御像を通して警告のお言葉を伝えられたのではないかと思うこともあります。

秋田に御出現された聖母のお言葉は厳しく、ロザリオを祈るように繰り返し訴えておられます、文明に翻弄されて浮き足立つわたしたち人間社会は、目に見えない危険をはらむ現代の世界情勢に気付いていないのです。切実に感じることがあります。それは、今の世は「核の時代」に移行しつつある、という危険があることを忘れてはならないのです。不安です。秋田に来てもう一度聖母のお言葉を噛み締め、わたしたちには謙虚に祈ることが必要であることを忘れてはならないと感じました。ロザリオの祈りを！　ロザリオの祈りを！　と、わたしたちに悲痛な面持ちで訴え、神に人類の救いと、罪の許しを願い、取り次いでおられる聖母マリア。聖母はわたしたちに回心と祈りを求めていらっしゃるのです。

それほど深刻さが迫っているのでしょうか？　世界の動きに疎いわたしでさえ、利己主義がいたるところにはびこっていることを感じます。

『秋田の聖母の日』記念行事は、粛々と行われるロザリオの祈りと十字架の道行き、ミサ、聖体行列、聖体賛美式などのスケジュールが続きました。

ミサ前に、ポーランドから日本へいらっしゃった三人の神父様方もそれぞれ紹介されて自国語で順番にご挨拶されました。長崎へ行かれた帰りにこちらへお出向きになられたとのことで、すぐ帰られるそうです。そのほか、現在湘南方面で布教に携わる外国人神父様方も参加されておられ、十字架の道行き、聖体行列、ミサにお姿が見受けられました。

当日、聖堂でのご挨拶や神父様方のお話も済み、続いて全員でロザリオを祈りました。ロザリオは翌朝、大司教様挙式ミサ後も引き続き祈られるのです。この日、聖堂にスクリーンが前方のヨゼフ様の御像側にありましたが、わたしは後方で目を伏せて祈っていたために見落としてしまったのです。歩けない人のために用意されたスクリーンだったのですが、早く気付けば聖堂で静かに御受難を黙想できたものを！　と後に思いました。

わたしは子羊の苑の十字架の道行きに参加したのですが、足の弱いわたしには皆様に付いてゆけず、マイペースで一人祈りながら道行きを辿っていました。するとわたしの前を行ったり来たりしながらわたしを見ていた赤十字マークの腕章をつけた女性が、「大丈夫ですか？」と声をかけてくださったのです。その方の腕章を見て、あの日も付けていらっしゃったことを思い出し、もしや？　と思い、遠慮しながら「失礼ですが間違っていたらごめんなさい。七年前にこちらの聖堂で倒れた友人をお世話してくださった三浦さんではないでしょうか？」とお聞きしたのです。

実は七年前、世界中の人びとが心を合わせて聖母マリアに平和を祈るロザリオの祈り」のイベントがローマ教区で企画され、世界各国がローマ時間の夜七時に合わせて一斉にロザリオを祈る宇宙衛星中継、『世界を結ぶ聖母とともに過ごす祈りの夜』の光景が生放送で全世界へ放映されることになり、各国から選ばれた十ヵ所の大聖堂が映像に映り、その聖堂内外の風景や、聖母マリア像に大勢の人びとがロザリオを祈る光景が放映されたのです。その宇宙衛星放映に選ばれた十大聖堂のなかに日本の聖体奉仕会聖堂も選ばれ、木彫りの「秋田の聖母マリア」とともにロザリオを祈る人びとの映像と、聖堂周辺の園庭風景も共に映し出されて世界中へ送られる生番組がこの夜放映されたのです。日本・秋田の聖母聖堂はベルギー・バヌーの聖母聖堂と、アメリカ・ワシントンDC汚れなき御宿り聖母聖堂の間で登場し、撮影と同時放映されたのです。長時間番組でしたので各国の聖堂風景の中に聖体奉仕会の聖堂も度々映し出されました。日本独特の和風聖堂が木彫りの聖母マリアと共に世界中へ放映される生番組に合わせてロザリオを祈るイベントに、わたしたち二人は参加するために秋田へ行ったのであり、親友の平林さんは一生に一度のチャンスとばかり、大喜びで体調が悪いにも関わらず参加したのでした。その番組みが深夜二時半（※ローマと日本の時差は七時間）から始まって秋田の聖堂が映像に現れたそのとき、友人は念願の映像も見られず突然倒れてしまったのでした。

わたしに声をかけてくださったのは、お世話になったそのご本人だったのでびっくりしました。看護師であった三浦さんは緊急の手当てを直感されて、混雑の忙しい中を聖マリアの家で休ませ、秋田医大病院と連絡をとって秋田医大病院へ御自分の車で連れて行ってくださり、医師の診察に立ち会って病院と話合われて、保険証を持ち合わせなかった彼女の入院手続きをしてくださったのです。この夜は遠方からの参列者が非常に多く、混雑していました。あちらこちらにスクリーンが設置されて、聖堂に入りきれなかった人びとは、外や聖マリアの家（外来客用宿泊ハウス）の映像を見ながら祈っていました。友人が倒れたのは深夜を過ぎた明け方二時半でした。三浦さんはその夜大変忙しく、映像を見る間もなかったのです。当時大変お世話になったわたしは、ご無沙汰していた三浦さんにお礼を申し上げたくて、今回の『秋田の聖母の記念日』にお会いできることを願っておりました。当時のお話では、病院を停年退職後、ボランティア活動をされていらっしゃると伺いましたが、今回も腕章からお察しして、変わらず奉仕活動をされていらっしゃるご様子を嬉しく思い、この巡り逢いも秋田のマリア様がご縁をつないでくださった、と感謝したのでした。

（二〇一三年十月十三日ローマ時間夜七時から行われた「聖母と共に過ごすロザリオの夜」のイベントは、ローマ教皇フランシスコの要望によって実現されました。詳細は拙著『八十路の春』「聖母文庫発行」に詳しく書かれています）

聖体行列は二本のロウソクを各々侍者が高く掲げて御聖体の前を進み、続いて御聖体を顕示される藤沢教会の神父様と、大きな白いパラソルを御聖体にかざしながら並んで歩くマルテ神父様とローランド神父様。その後に続く侍者と二列に並んで続く巡礼者たち……。行列はしずしずと聖歌を歌いながら庭園をめぐりました。

♬～

ありがとう　素晴らしい恵みを　ありがとう　とこしえの命を
いつもともにいてくださる　素晴らしいイエスさま
ありがとう　素晴らしい聖体を
ありがとう　とこしえの光りを　素晴らしいイエスさま

丘に立てる　荒削りの　十字架にかかりて
救い主は　人のために　捨てませり　いのちを
十字架にイエス君　われをあがないたもう
十字架のなやみは　わが罪のためなり

ガリラヤの風かおる丘で　ひとびとに話された
恵みのみことばを　わたしにも聞きかせてください
あらしの日　波たけるうみで　弟子たちをさとされた
力のみことばを　わたしにも聞かせてください

〜♬

御聖体は広い苑の舗装路をゆっくりと荘厳に進みました。澄んだ空気、
芝生のように美しく手入れされた緑の草原、そして緑の苑に点々と貫禄を

見せて枝を伸ばす巨木の栗の木。その緑に覆われた葉の茂みにいが栗が実っていました。

聖体行列は清らかな賛美歌に囲まれて進み、聖堂入り口に到着しました。其処で祝福と賛美の聖体賛美式が行われました。続いて聖堂内で一同御ミサに与りました。

素晴らしいお声で聖歌を歌ってくださった神父様方と、男性歌手の皆様、苑に響き渡る美しい歌声をありがとうございました。

九月十四日は十字架称賛の記念日。広大な子羊の苑は救い主イエス・キリストに捧げられた祈りの苑です。わたしは深い感慨のこもる感謝でこの苑を眺めました。そして在りし日の安田神父様と、今はこの思い出の地を訪ねることもできなくなった夫を偲びました。安田神父様は遥か彼方のドイツから十字架の道行きのレリーフを求められ、どこから入手されたのか、特大のコンクリート管を道行きの数だけ集められて穴をコンクリートで塞いで立派な灯明台にされたのです。その上に偲ばれる十字架の道行きの尊いレリーフ。そして風雨を防ぐ屋根の堂を作るよう夫に望まれたのでした。あの一万坪の牧草地を子羊の苑に開拓された神父様のご苦労はいかばかりだったでしょう。神父様はかつて殉教者の血に染まった秋田の地をこよなく愛され、聖母のお悲しみの御心を生涯偲ばれて祈り続け、湯沢台を『サンタ・マリアの丘』と、お呼びになっていらっしゃいました。サンタ・マリアの丘に立たれた聖母のお悲しみの真意が日本中の人びとに理解されるのはいつのことでしょう！

マリア様に捧げられた美しい日本庭園は、言葉に尽くせない感嘆のため息がでます。日本列島の池にたたずまれる笑顔のマリア様、その微笑まれる笑顔に愛があふれています。遥か彼方に裾を引いておだやかな姿を見せる大平山、思い出は尽きなくわたしの心に語りかけています。優雅なマリア庭園を愛でる天の門の鐘を鳴せる日はいつのことでしょう。さようならサンタ・マリアの丘！

わたしは遠い群馬の榛名山麓から命尽きる日までロザリオの祈りをけがれなき聖母の御心へお捧げしてまいります。世界に真の平和が訪れますように！

あとがき

わたしはさまざまの美しい人生行路を歩ませてくださった神様に心から感謝申し上げます。そしていつも守り導いてくださいましたわたしたちの母、聖母マリア様に命の限り愛を込めて感謝申し上げます。わたしにとって喜びも、悲しみも、苦しみも、さまざまな思い出に彩られて歩んでまいりました現世の旅路はすべて恵みであり、感謝に変わっています。愛に生きることの幸せを噛み締めるこの著となりました。尽きない永遠の命に生きる喜びをわたしだけでなく、すべての人びとと共に分かち合いたい願いを込めて、計り知れない愛そのものの天の御父を讃えながら、祈りながら、そして感謝のうちに終らせていただきます。お世話になったすべての皆様に篤く御礼申し上げます。
ありがとうございました。

田端美恵子

《田端 美恵子（たばた・みえこ）》
昭和8年（1933）、長野市に生まれる。
長野清泉女学院高等学校卒。
国学院大学幼稚園教員養成所卒。
昭和46年（1971）まで東京に於いて幼児教育に専念。
同年11月、群馬県高崎市へ引退後家庭人となる。
平成16年（2004）より執筆を始める。
平成17年（2005）8月、随筆集『一粒の麦から』（サンパウロ）出版。
平成18年（2006）12月、随筆集『愛はうたう』（サンパウロ）出版。
平成20年（2008）10月、『満州の夕焼け雲』自費出版
（編集制作信濃毎日新聞社）。
平成21年（2009）10月、『満州の夕焼け雲』全国新聞社出版協議会
第3回自費出版大賞「優秀賞」を受賞。
平成23年（2011）8月、『山峡に響く平和の鐘』（サンパウロ）出版。
平成27年（2015）3月、『八十路の春』（聖母の騎士社）出版
（2017年2月に4刷発行）。

母であるわたしがここに居るではありませんか
田端美恵子

2020年2月11日　第1刷発行

発　行　者●竹 内 昭 彦
発　行　所●聖母の騎士社
〒850-0012 長崎市本河内2-2-1
TEL 095-824-2080/FAX 095-823-5340
E-mail: info@seibonokishi-sha.or.jp
http://www.seibonokishi-sha.or.jp/

校正・組版●聖母の騎士社
印刷・製本●大日本法令印刷株式会社

Printed in Japan
落丁本・乱丁本は小社あてにお送りください。送料は小社負担にてお取り替えします。
ISBN978-4-88216-378-7 C0116

聖母文庫

田端美恵子
八十路の春

八十路を歩む一老女が、人生の峠に立って永久に広がる光の世界を見つめ、多くの人が神の愛に目覚めてくれることを願いつつ、祈りを尽くして綴った随想。 価格500円(税別)

木鎌耕一郎
津軽のマリア川村郁

1950年代、青森県津軽地方、八甲田山麓の開拓地で、教育から見放された子どもたちに生涯をささげた若い女性がいた。これはもう一人の「蟻の町のマリア」、川村郁の物語である。 価格500円(税別)

レジーヌ・ペルヌー=著　門脇輝夫=訳
現代に響く声　ビンゲンのヒルデガルト
12世紀の預言者修道女

音楽、医学他多様な才能に恵まれたヒルデガルト。本書は、読者が著者と同じく彼女に惹かれ、親しみを持てるような研究に取り組むものである。 価格800円(税別)

駿河勝己
がらしゃの里

日々の信仰を大切にし、御旨のうちに生きる御恵みを祈り、ガラシャの歩まれた永遠の生命への道を訪ねながら…。 価格500円(税別)

小崎登明
信仰の出会い旅

人生は、「出会いの旅」である。カトリック修道士が出会った、忘れがたい人々の信仰と人生を描く。 価格500円(税別)

聖　母　文　庫

水浦征男
教皇訪日物語

第1章「教皇訪日物語」
第2章「そごう百貨店の大ヴァチカン展」
他を収録。
価格500円(税別)

水浦征男
この人

月刊「聖母の騎士」に掲載されたコラム(「スポット・ライト」、「この人」)より1970年代から1980年代にかけて掲載された人物を紹介する。

価格800円(税別)

水浦征男
教皇ヨハネ・パウロ物語

「聖母の騎士」誌22記事再録

教皇ヨハネ・パウロ一世は、あっという間に姿を消されたため、その印象は一般にあまり残っていない。わずかな思い出を、本書の記事で辿っていただければ幸いである。

価格500円(税別)

水浦久之
神父発見

長崎の潮の香りと土の匂いのするキリシタン小説とエッセイ集。長崎の同人誌やカトリック誌、小教区報などに発表された作品をまとめた一冊。

価格500円(税別)

水浦久之
新・神父発見

長い伝統につちかわれた長崎の教会をめぐる話題を追って。地元文芸誌に発表したエッセイ集。

価格500円(税別)

聖母文庫

水浦久之
金鍔次兵衛物語
徳川幕府のキリシタン弾圧の時代、マカオに追放され、フィリピンで司祭に叙階され、武士に変装して長崎に潜入した金鍔神父の数奇に満ちた人生を描く。価格500円(税別)

水浦久之
漂泊の果て
長崎は、日本で最もキリスト教の色彩を色濃く残している土地だ。この地ならではの題材を料理した小説とエッセイ集。芥川賞作家も書けない信仰物語。価格600円(税別)

水浦久之
新・神父発見
長い伝統につちかわれた長崎の教会をめぐる話題を追って。地元文芸誌に発表したエッセイ集。価格500円(税別)

水浦久之
金鍔次兵衛物語
徳川幕府のキリシタン弾圧の時代、マカオに追放され、フィリピンで司祭に叙階され、武士に変装して長崎に潜入した金鍔神父の数奇に満ちた人生を描く。価格500円(税別)

水浦久之
漂泊の果て
長崎は、日本で最もキリスト教の色彩を色濃く残している土地だ。この地ならではの題材を料理した小説とエッセイ集。芥川賞作家も書けない信仰物語。価格600円(税別)

聖母文庫

イエス・キリストの生涯

ホアン・カトレット＝著・絵　高橋敦子＝訳

私が見たい、感じたい、祈りたいと思うイエス・キリストを書かせていただいた。ここの登場人物像や景色は…私の心に住みついている映像である。

価格800円（税別）

キリスト教小噺・ジョーク集

場﨑　洋

この書で紹介するものは実際に宣教師から聞いたジョークを集めて綴ったものですが、それ以外にも日本で生まれたジョークや笑い話、小噺を載せてみました。

価格600円（税別）

イエスのたとえ話

私たちへの問いかけ

場﨑　洋

歴史的事例や人物、詩などを取り上げながら私たちが生きている現代社会へ問い掛けているイエスのメッセージに耳を傾けていきたいと思います。

価格800円（税別）

イエスと…

ペトロ・ネメシェギ

イエスとさまざまな「人」や「もの」との関係を発見し、私たちの救い主イエスをもっとよく知りましょう。

価格500円（税別）

イエスと共に

入門講座ノート

ホアン・マシア

このノートを貫いている唯一のテーマは、「イエスと共に」人生を歩むということです。

価格500円（税別）

聖母文庫

キリスト教と私
アルフォンス・デーケン

死生学の権威、A・デーケン神父が月刊『聖母の騎士』に書き下ろした、分かりやすいキリスト教信仰入門。信者の信仰の復習や信仰を求めている人に好適。

価格500円(税別)

校庭のメッセージ
島田恒子

小学校の教育現場で子どもたちを優しく見つめたシスターが、12年にわたって保護者に向けて書き綴った、四季折々の随筆集。

価格500円(税別)

母の祈り
高木慶子

はい、ありがとう、ごめんなさい

修道女の著者が、自らの体験をもとに綴った母親の教育論。信仰を基盤とする家庭のすばらしさと母親の役割を説く。

価格500円(税別)

太陽の歌
川下　勝

アシジのフランシスコ

民族、国家、文化、宗教、思想、時代を超えて、多くの人の心を引きつけるフランシスコの魅力に迫る。

価格500円(税別)

越えて来た道
セルギウス・ペシェク

コルベ神父を慕い、65年前に日本に来た修道士が振り返る人生。90歳の今、愛する日本人に語りかける遺言。

価格500円(税別)